महिला अधिकार

महिला अधिकार

ममता मेहरोत्रा

राधाकृष्ण प्रकाशन

ISBN : 978-81-8361-642-3

महिला अधिकार

पहला संस्करण : 2014
दूसरा संस्करण : 2017
This book is printed on **Print on Demand** Technology : 2024

मूल्य : ₹395

प्रकाशक
राधाकृष्ण प्रकाशन प्राइवेट लिमिटेड
जी-17, जगतपुरी, दिल्ली-110 051

शाखाएँ : अशोक राजपथ, साइंस कॉलेज के सामने, पटना-800 006
पहली मंजिल, दरबारी बिल्डिंग, महात्मा गांधी मार्ग, प्रयागराज-211 001
1, अनमोल सोराबजी संतुक लेन, धोबी तलाव, मरीन लाइंस, मुम्बई-400 002
वेबसाइट : www.radhakrishnaprakashan.com
ई-मेल : info@radhakrishnaprakashan.com

Printed at : Rajkamal Prakashan P.Ltd.

MAHILA ADHIKAAR
by Mamta Mehrotra

भारत का संविधान

हम, भारत के लोग, भारत को एक सम्पूर्ण प्रभुत्व-सम्पन्न समाजवादी पंथनिरपेक्ष लोकतंत्रात्मक गणराज्य[1] बनाने के लिए उसके समस्त नागरिकों को सामाजिक, आर्थिक और राजनीतिक न्याय, विचार, अभिव्यक्ति, विश्वास, धर्म और उपासना की स्वतंत्रता, प्रतिष्ठा और अवसर की समता प्राप्त कराने के लिए, तथा उन सबमें व्यक्ति की गरिमा और राष्ट्र की एकता और अखंडता[2] सुनिश्चित करने वाली बन्धुता बढ़ाने के लिए दृढ़संकल्प होकर अपनी इस संविधान सभा में आज तारीख 26 नवम्बर, 1949 (मिति मार्गशीर्ष शुक्ला सप्तमी, संवत् दो हजार छह विक्रमी) को एतद् द्वारा इस संविधान को अंगीकृत, अधिनियमित और आत्मार्पित करते हैं।

भारत का संविधान

हम भारत के लोग, भारत को एक सम्पूर्ण
प्रभुत्व-सम्पन्न लोकतंत्रात्मक गणराज्य
के लिये तथा उस के समस्त नागरिकों को:
सामाजिक आर्थिक और राजनैतिक न्याय,
विचार, अभिव्यक्ति, विश्वास धर्म
और उपासना की स्वतंत्रता,
प्रतिष्ठा और अवसर की समता
प्राप्त कराने के लिये,
तथा उन सब में
व्यक्ति की गरिमा और राष्ट्र की
एकता सुनिश्चित करने वाली बन्धुता
बढ़ाने के लिये
दृढ़ संकल्प हो कर अपनी इस संविधान सभा में
आज तारीख २६ नवम्बर १९४९ ई० (मिति मार्गशीर्ष
शुक्ला सप्तमी, संवत् दो हजार छः विक्रमी) को
एतद्द्वारा इस संविधान को अङ्गीकृत अधि-
नियमित और आत्मार्पित करते हैं।

1. संविधान (बयालीसवाँ संशोधन) अधिनियम, 1976 की धारा 2 द्वारा (3.1.1977 से) 'प्रभुत्व-सम्पन्न लोकतंत्रात्मक गणराज्य' के स्थान पर प्रतिस्थापित।
2. संविधान (बयालीसवाँ संशोधन) अधिनियम, 1976 की धारा 2 द्वारा (3.1.1977 से) 'राष्ट्र की एकता' के स्थान पर प्रतिस्थापित।

Preamble

The Constitution of India

WE, THE PEOPLE OF INDIA, having solemnly resolved to constitute India into a [1]SOVEREIGN SOCIALIST SECULAR DEMOCRATIC REPUBLIC and to secure to all its citizens:

JUSTICE, social, economic and political;

LIBERTY of thought, expression, belief, faith and worship;

EQUALITY of status and of opportunity;

and to promote among them all;

FRATERNITY assuring the dignity of the individual and the [2]unity and integrity of the Nation;

IN OUR CONSTITUENT ASSEMBLY this twenty-sixth day of November, 1949, do HEREBY ADOPT, ENACT AND GIVE TO OURSELVES THIS CONSTITUTION.

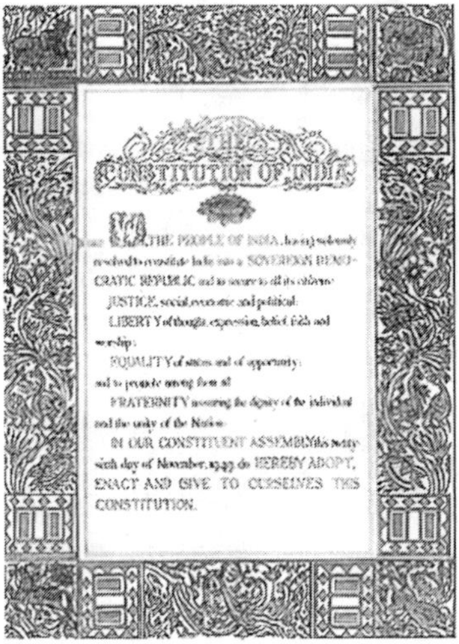

1. Subs. by the Constitution (Forty-second Amendment) Act, 1976, s. 2, for "SOVEREIGN DEMOCRAIC REPUBLIC" (w.e.f. 3-1-1977).
2. Subs. by s. 2., ibid., for "unity of the Nation" (w.e.f. 3-1-1977).

अनुक्रम

अध्याय-1

महिलाएँ और मानवाधिकार

मानवाधिकार क्या है? जब-जब ये शब्द हम अखबारों में पढ़ते हैं या कहीं देखते-सुनते हैं तो हमें अहसास होता है, हम मानव हैं और दूर-कहीं-दूर बहुत ही क्रूरतम शक्तियाँ, अपनी चरम सीमा पर तेजी से आती हुई, हमारे ऊपर प्रहार कर रही हैं और हमारे अन्दर से एक घुटी-घुटी चीख निकल रही है, क्योंकि मानवता का शोषण हो रहा है और कहीं मानवाधिकार का हनन हो रहा होता है।

मानवाधिकार हमारे जेहन में एक बहुत बड़ा शब्द अख्तियार कर लेता है और क्रूरतम शोषण के खिलाफ हम जब मुखर होते हैं, तो हमें मानव होने का अहसास होता है अन्यथा हम एक यंत्रचलित हाड़-मांस के पुर्जा मात्र हैं और रोज जीते-जीते यह भूल जाते हैं कि हम भी मानवता के स्तर पर पीड़ित होते हैं और मानव होने के नाते हमारे कुछ अधिकार हैं, जिन्हें हम मानवाधिकार का दर्जा देते हैं।

अब जरा गौर फरमाएँ कि मानवाधिकार आखिर है क्या?

मानवाधिकार किसी भी मानव का वह अधिकार है, जो उसके जीवन, आजादी, बराबरी और आत्मसम्मान से जुड़ा है। यह अधिकार हमारा भारतीय संविधान और अन्तर्राष्ट्रीय प्रतिज्ञा-पत्र उसको प्रदान करते हैं और भारतीय दंड संहिता के द्वारा उन्हें न्यायालय से यह अधिकार प्राप्त है। मानवाधिकार वह अधिकार है जिसे मानव मात्र को मिलना चाहिए।

आदि काल से मानव सभ्यता का विकास हुआ है। बन्दर प्रजाति से विस्तार होते-होते मानव का सृजन हुआ और उसकी उन्नति और विकास में मानवता का धीरे-धीरे प्रादुर्भाव हुआ।

हमारा जो भी अभिलिखित इतिहास है, उसमें जब हम धर्म, दर्शन, सभ्यता या विधि को पढ़ते हैं तो पाते हैं कि आदिम प्रजाति से मानव बनने की अगली कड़ी मनुष्यता ही है, मानवता ही है। अगर हम मनुष्य के मानवीय पक्ष को विलोपित कर दें तो उसमें जो शेष रह जाएगी उसको पशुता से अधिक का दर्जा हम नहीं दे पाएँगे।

फिर भी हम अपने दैनिक जीवन में सहृदयता का त्याग कर और अपनी सोच में अहं की तुष्टि करते हुए यह भूल जाते हैं कि दूसरे मानव का कैसे और क्यों सम्मान करना चाहिए। हम अपने अहंकार को पोषित करने के लिए ईंधन के तौर पर अक्सर क्रूरता अख्तियार कर लेते हैं और उसमें दूसरों के प्रति अमानवीय दृष्टिकोण अपना लेते हैं।

सभ्यता के समाजीकरण में अनेक मानवीय मूल्यों का ह्रास हुआ है, अक्सर मानवता रो उठी है।

ऐसा ही कुछ हुआ होगा जब कलिंग युद्ध में अशोक के हाथों अनेक लोगों का संहार हुआ और उनके विलाप से उसके हृदय में करुणा जागी और मानवता का संचार हुआ।

539 ईसवी पूर्व में नव-बेबीलोन साम्राज्य को जीतने के बाद महान फारसी शासक साइरस के द्वारा जारी घोषणा में भी कुछ ऐसा ही हुआ होगा। इससे कुछ ऐसी अवधारणा निकली होगी, जिससे मानवाधिकार के प्रारम्भिक रूप ने आकार लिया।

622 ईसवी में हजरत मुहम्मद ने जब एक औपचारिक सहमति से सारी जातियों और कबीलों को एक साथ किया होगा, तो कहीं-न-कहीं मानवाधिकार अंकुरित हो रहा होगा।

पर अगर हम इतिहास पर एक दृष्टि डालते हैं तो पाते हैं कि इस दिशा में सबसे ज्यादा महत्त्व Magna Carta of 1215 का है और यही महाधिकार-पत्र आगे चलकर अन्तर्राष्ट्रीय कानून और संवैधानिक विधान का सबब बना और मानवाधिकार की जन्मदात्री के रूप में एक मुकम्मल भूमिका अपना पाया।

इंग्लैंड के किंग जॉन ने अंग्रेज बैरोन को Magna Carta June 15, 1215 को दिया कि उनके विशेषाधिकार में न ही कटौती होगी और न ही कमी होगी। ब्रिटिश संसद ने उसको 1216-17 में जोन्स सर हेनरी-III के समय में सम्पुष्टि दे दी और उसमें एडवार्ड-I के समय 1287 में सुधार हुआ और इसी Magna Carta का असर और प्रभाव इतना दूरगामी है कि 1689 में Petition of Rights Bill of Rights पास हुए। क्राउन के ऊपर एक प्राधिकार का अधिकार और प्रभुत्व हुआ। अतः हम देखते हैं कि कहीं पर भी आजादी और जनतंत्र की भावना मानवता के विकास में सहयोगी होती है और अपनी भूमिका निभाती है।

संयुक्त राष्ट्र अमेरिका में 1776 में महिलाओं की स्वतंत्रता सम्बन्धी कानून पारित हुआ। इसी वर्ष 1776 को वर्जीनिया अधिकार विधेयक भी बना।

इसके बाद 1789 में इस कानून में सुधार किया गया और 1869 में इसको सुधार करके महिलाओं को पुरुषों के बराबर दर्जा दिया गया।

फ्रांस में पुरुषों सम्बन्धी अधिकार 1789 में पारित हुआ। इसमें मानवाधिकार की याचिका सम्बन्धी प्रावधान भी शामिल किया गया। इतने सारे कानून बने पर अफसोस महिलाओं की अस्मिता और जीवन पर हमेशा प्रश्नचिह्न ही लगा रहा।

सदियाँ बीत गईं और स्त्री की दशा कमोबेश बद से बदतर होती गई। उसको प्रताड़ित किया जाता रहा, शोषण होता रहा और उससे भी अधिक उसको मजबूर कर दिया गया कि वह मौन रहे। जब-जब पुरुष को ऐसा महसूस हुआ कि स्त्री का भरपूर इस्तेमाल हो चुका है तो उसको मुकम्मल जगह पहुँचा दिया गया यानी कि एक भयंकर दर्द भरी और यातनामय, नारकीय जिन्दगी, जिसका अस्तित्व में होना या न होना एक समान था। अतः भारत के गौरवशाली इतिहास में महिलाओं को भयंकर यातना सहन करनी पड़ी और पड़ रही है, क्योंकि हमारे देश में सब कुछ सदियों से होता आया है शायद मानवता के अस्तित्व में आने के बाद से।

महिलाओं को मौन रखा गया यह सुनिश्चित करने के लिए कि वे दब रही हैं क्योंकि ऐसा उनके साथ सदियों से होता आया है। वे व्रत, तीज और त्योहार करके पुरुषों की प्राप्ति का आडम्बर मनाती हैं, क्योंकि पुरुषों की सत्ता से वे गौरवान्वित होती हैं चाहे यह सत्ता उन्हें अखंड सौभाग्य व्रत करके पति के तौर पर हासिल हो या फिर पुत्र प्राप्त कर अपने महिला होने की संतुष्टि पर। हमारे भारत देश, जिसके गौरवशाली पितृसत्तात्मक इतिहास की हम बात करते हैं, में पितृसत्तात्मक समाज में महिलाओं के साथ सदियों से ऐसा ही होता आया है।

महिलाएँ किसी भी समाज, किसी भी सभ्यता, किसी भी संस्कृति या देश की आबादी का आधा हिस्सा होती हैं, चूँकि देश के विकास में पुरुषों की भागीदारी में महिलाओं का त्याग, तपस्या, बलिदान और योगदान जुड़ा रहता है, पर जब उपलब्धियों के आँकड़े पेश किए जाते हैं तो वह मात्र नींव की पत्थर होती हैं, उससे अधिक कुछ भी नहीं।

यह बार-बार कहा जाता रहा है और हम देखते भी हैं कि जन्म से मृत्यु तक औरतें या तो यंत्रणाएँ झेल रही होती हैं या फिर अपने अस्तित्व की लड़ाई लड़ रही होती हैं। कितनों को तो हमने यूँ ही मार दिया, क्योंकि वह कन्या भ्रूण थी। विडम्बना यह कि हमारा समाज आज तक उसकी सिसकियों से कान मूँदे है, यहाँ तक कि उसको जन्म देने वाली माँ भी कहीं-न-कहीं इस पूरे प्रकरण को एक त्रासदी मान पीछे छोड़ देती है। पर घुटी हुई चीख समाज के बुनियादी ढाँचे को झकझोर देती है। पुरुषों को जन्म देने वाली, उसका पालन करने वाली और उसमें संस्कारों का बीजारोपण करने वाली वह माँ एक भिखारी की तरह भटकती अपना अधिकार माँगती फिरती है।

शायद यह स्त्री की ही भूल है कि उसने गलत संस्कारों का बीजारोपण करके पुरुष को सारा स्वामित्व दे दिया और अपना और अपनी जाति का ह्रास किया। अगर

स्त्री बच्चों की परवरिश कायदे से करे और उन्हें मानवीय मूल्यों से अवगत कराए तो शायद ही उसे इतनी प्रताड़ना झेलनी पड़े।

हर धर्म में पुरुष की प्रधानता है। शायद ही ऐसा कोई धर्म हो जिसे महिला ने बनाया हो। क्या हमारी ईश्वरीय शक्ति कोई पुरुष है और उसकी जितनी भी सन्तानें हुईं चाहे वह गौतम बुद्ध हो, मुहम्मद पैगम्बर या फिर राम, शिव, विष्णु और ब्रह्मा सबके सब पुरुष ही क्यों हैं? क्या इसके पीछे समाज की सोच नहीं कि परम सत्य की तलाश में भी सिर्फ पुरुष ही अगुवाई करते हैं! कभी भी महिला द्वारा घर छोड़कर सत्य की तलाश में जाने का वर्णन इतिहास में नहीं हुआ। क्योंकि सदियों से यही होता आया है, जूड़ो-क्रिशचित समाज में भी महिला को एक Scorpio यानी बिच्छू का दर्जा दिया गया है, जो हमेशा डंक मारने को उद्विग्न रहती है। Pagan Arab ने उसमें एक शैतान की रस्सी का रूप देखा, जो कभी भी फंदा बन सकती थी और भारतीय संस्कृति में तो उसे एक सामाजिक कुरीति के रूप में देखा गया जिसे अपने पति की चिता के साथ ही जल जाना चाहिए।

पर यू.एन.ओ. (U.N.O) और उसके अनेक Conventions के द्वारा महिला के ह्यूमन स्टेटस और उसके अधिकारों में काफी सार्थक सुधार हुआ है। उसी का परिणाम है कि प्रत्येक वर्ष 8 मार्च महिला दिवस के तौर पर मनाया जाता है। इस दिशा में हो रहे सशक्तीकरण से एक अवलम्ब मिलता है।

महिलाओं के ऊपर जितने भी अत्याचार होते हैं चाहे वह उत्पीड़न हो, शोषण हो या हत्या हो–सबके सब उसके मानवीय अधिकारों का हनन हैं और ये सभी अपराध हैं जो मानवाधिकार के क्षेत्र में आते हैं, क्योंकि मानवाधिकार समानता का अधिकार है, जीवन का अधिकार है, इज्जत और स्वाभिमान का अधिकार है और उससे भी बढ़कर स्वाधीनता का अधिकार है।

नारी परतंत्र है इसलिए उसका शोषण हो रहा है। उसको समाज में दोयम दर्जा मिला है इसलिए उसके मानवाधिकार का हनन हो रहा है। चूँकि उसकी साँसें पुरुष वर्ग द्वारा नियंत्रित हैं इसलिए उसके मानवाधिकार का हनन होता है और शायद तब तक होता रहेगा जब तक वह मानुष नहीं बन पाती।

हमारे संविधान के समस्त अधिकार महिलाओं के हित में हैं, जरूरत है सामाजिक जागरूकता की कि उनका कार्यान्वयन ठीक से हो, तब कोई भी नारी अपने जीवन में सिसकियाँ लेने को मजबूर नहीं होगी।

सदियों से ऐसा होता आया है कि पास कहीं, बहुत ही पास, हमने मृत्यु की दस्तक सुनी है–शायद रोज ही सुन रहे हैं–पर उसको न सुनने की हर वक्त हम चेष्टा करते हैं। हमने लड़ना नहीं चाहा, जीना नहीं चाहा जबकि इस जीवन से मृत्यु श्रेयस्कर थी।

उसमें साँसें थीं पर शायद दम नहीं था,
उसकी तोतली बातों में जीवन का मर्म नहीं था।
उसकी आँखों में जो चमक थी उसके,
साये में जिन्दगी का दर्प नहीं था।

जीवन आने में महीनों लग जाते हैं,
पर उसके खात्मे में शायद मिनट भी कम नहीं था।
उसका कदम बढ़ा पाना इतिहास
के गलियारे में शायद
इतिहास को भी उस पर घमंड नहीं था।

मानवता के सृजन में लगा दी उसने,
अपनी सारी जिन्दगानी, पर शायद
मानवता के क्रूरतम हाथों में
उसका सौन्दर्य सृजन नहीं था।

मार डाला इस सभ्यता ने
हमेशा उसको, क्योंकि सभ्यता
के जेहन पर उसका अक्स नहीं था।

नहीं तो अहिंसा के पाठ को
आत्मसात् करने वाले देश में
औरत की हत्या का कोई कर्म नहीं था,
कोई कर्म नहीं था।

सदियों से ऐसा होता आया है, क्योंकि अभी भी कमोबेश ऐसा ही हो रहा है कि औरत को दोयम दर्जे की हैसियत प्राप्त है। ऐसा इसलिए भी है, क्योंकि स्त्री के साथ न्यायोचित व्यवहार नहीं किया जाता और उसकी सामाजिक, आर्थिक एवं राजनीतिक हैसियत नगण्य है क्योंकि वह कमजोर है। ऐसा मान्य है और उससे भी अधिक यह कि इस सभ्यता की दुहाई महिला को हर जगह निचले पायदान पर रखे हुए है! 'क्योंकि सदियों से ऐसा ही होता आया है' यह धारणा एक परिपाटी बन चुकी है।

अध्याय-2

मानव अधिकारों का सार्वभौम घोषणा-पत्र, 1948

प्रस्तावना

सम्पूर्ण मानव समुदाय के सदस्यों की स्वाभाविक मर्यादा एवं सम्मान व अहस्तांतरित अधिकारों की पहचान ही सम्पूर्ण विश्व में स्वतंत्रता, न्याय एवं शान्ति का आधार है। जबकि इन मानव अधिकारों के हनन व अनादर होने से सम्पूर्ण मानवता शर्मसार होती है, इस तरह बोलने की स्वतंत्रता व भयमुक्त समाज के निर्माण होने से जनसाधारण को अपनी ऊँचाइयों को छूने का मौका मिल सकता है।

यहाँ यह भी आवश्यक है कि अगर मनुष्य राजद्रोह व क्रूरतापूर्वक शासन के विरुद्ध नहीं जा पाता है तो मानव अधिकारों को कानून के द्वारा संरक्षण मिलना चाहिए। साथ ही अन्य राष्ट्रों (देशों) के साथ मित्रतापूर्ण सम्बन्ध विकसित होना चाहिए।

यहाँ संयुक्त राष्ट्र द्वारा मौलिक मानव अधिकारों को अपने शासन-पत्र में समर्थन दिया गया है, जिसमें स्त्री एवं पुरुषों के सम्मान एवं उनके अधिकारों की रक्षा की बात कही गई है, जिससे सामाजिक विकास एवं जनसाधारण के जीवन स्तर में सुधार हो सके।

जबकि संयुक्त राष्ट्र के सदस्यों द्वारा मानव अधिकारों एवं मौलिक स्वतंत्रता को सर्वव्यापक तौर पर प्राप्त कराने और सहयोग देने की बात कही गई है।

इस तरह से इस प्रस्तावना की सार्थकता यहाँ वर्णित अधिकारों के स्वतंत्रता की अनुभूति में ही निहित है।

अतः संयुक्त राष्ट्र के मुख्यालय की ओर से मानव अधिकारों की व्याख्या इस प्रकार से की जाती है कि प्रत्येक व्यक्ति एवं समाज के प्रत्येक अंग को शिक्षा के द्वारा राष्ट्रीय एवं अन्तर्राष्ट्रीय स्तर पर सम्मान दिया जाए।

धारा 1 : प्रत्येक मनुष्य अपनी प्रतिष्ठा एवं अधिकार के क्षेत्र में जन्मतः स्वतंत्र है। वह विवेक और चेतना से सम्पृक्त है और उसे आपस में एक-दूसरे के साथ

आपसी भाई-चारे का व्यवहार करना चाहिए।

धारा 2 : सभी व्यक्ति रंग, जाति, लिंग, भाषा, धर्म, राजनीतिक विचार, राष्ट्रीय या सामाजिक पृष्ठभूमि, धन-सम्पत्ति, जन्म अथवा अन्य विशिष्ट स्थिति के भेदभाव के बिना मौलिक अधिकारों के भागीदार होंगे। साथ ही किसी व्यक्ति के साथ देश की राजनीति, अधिकार क्षेत्र अथवा अन्तर्राष्ट्रीय स्थिति के आधार पर किसी प्रकार का विभेद नहीं किया जाएगा।

धारा 3 : प्रत्येक व्यक्ति को जीने का अधिकार, स्वतंत्रता और सुरक्षा का अधिकार है।

धारा 4 : किसी भी व्यक्ति को दास या दासत्व के लिए बाध्य नहीं किया जा सकेगा। दासता एवं इससे सम्बन्धित कोई भी कार्य निषिद्ध है। किसी भी रूप में मनुष्य के क्रय-विक्रय पर पूर्णतः प्रतिबन्ध रहेगा।

धारा 5 : किसी भी व्यक्ति को यातना या अमानवीय कष्ट नहीं दिया जा सकेगा।

धारा 6 : प्रत्येक व्यक्ति को सभी जगह कानून के समक्ष एक मनुष्य के रूप में सम्मान का अधिकार है और वह बिना किसी विभेद के कानूनी सुरक्षा का अधिकारी है।

धारा 7 : इस घोषणा-पत्र के उल्लंघन में किसी भी प्रकार के भेदभाव के विरुद्ध सभी को समान सुरक्षा का अधिकार है और साथ ही ऐसे विभेद के लिए किसी प्रकार के प्रलोभन के विरुद्ध भी उन्हें सुरक्षा प्राप्त है।

धारा 8 : प्रत्येक मनुष्य को संविधान और कानून द्वारा प्राप्त मौलिक अधिकार के उल्लंघन के विरुद्ध सक्षम राष्ट्रीय न्यायाधिकरण के समक्ष आवेदन करने एवं न्याय पाने का अधिकार है।

धारा 9 : किसी व्यक्ति को गैर-कानूनी रूप से गिरफ्तार, रोककर रखना अथवा देश से निष्कासित नहीं किया जा सकेगा।

धारा 10 : किसी व्यक्ति के अधिकारों के निर्धारण और उसके विरुद्ध गठित किसी आपराधिक मामले के प्रसंग में उस व्यक्ति का स्वतंत्र एवं निष्पक्ष न्यायाधिकरण के समक्ष सुनवाई का पूर्णतः समान अधिकार है।

धारा 11 : प्रत्येक व्यक्ति को अगर वह दोषी है तो कानूनन उसे अपने को निर्दोष साबित करने का अधिकार है जब तक कि पब्लिक ट्रायल द्वारा उसे दोषी न साबित कर दिया जाए।

किसी व्यक्ति को तब तक दंड देने का प्रावधान नहीं है, जब तक कि वह राष्ट्रीय या अन्तर्राष्ट्रीय स्तर के कानून के तहत कानूनन दोषी न पाया जाए, जिस समय अपराध हुआ हो और इसी तरह एक आपराधिक गतिविधि के लिए एक ही समय पर भारी जुर्माना लगाने का प्रावधान भी नहीं है।

धारा 12 : किसी भी व्यक्ति की निजी गोपनीयता, परिवार, घर या उसके

पत्राचार के साथ गैर-कानूनी तरीके से हस्तक्षेप नहीं किया जा सकेगा और न ही उसके सम्मान और सामाजिक प्रतिष्ठा पर आक्रमण किया जा सकेगा। प्रत्येक मनुष्य का इस तरह के हस्तक्षेप अथवा प्रहार के विरुद्ध कानून के संरक्षण का अधिकार है।

धारा 13 : (i) प्रत्येक राज्य की सीमा में भ्रमण करने और उसमें रहने का सभी को समान अधिकार है।

(ii) प्रत्येक व्यक्ति को यह अधिकार है कि वह अपना देश अथवा अन्य देश छोड़ सकता है और लौट भी सकता है।

धारा 14 : (i) प्रत्येक व्यक्ति को किसी उत्पीड़न के विरुद्ध किसी भी अन्य देश में आश्रय लेने का अधिकार है।

(ii) परन्तु यह अधिकार उस स्थिति में लागू नहीं हो सकता है, जब यह उत्पीड़न अराजनीतिक अपराध या संयुक्त राष्ट्र संघ के सिद्धान्तों या उद्देश्य के विरुद्ध हो।

धारा 15 : (i) प्रत्येक व्यक्ति को राष्ट्रीयता का अधिकार है।

(ii) कोई भी अपनी राष्ट्रीयता से स्वेच्छाचारितापूर्वक वंचित नहीं किया जा सकेगा, न ही राष्ट्रीयता बदलने के उसके अधिकार से वंचित किया जा सकेगा।

धारा 16 : (i) योग्य उम्र वाले प्रत्येक स्त्री और पुरुष को जाति, राष्ट्रीयता, धर्म के बन्धन में विवाह करने और परिवार बसाने का अधिकार है। विवाह करने, विवाह के निर्वाह अथवा उसके विघटन का समान अधिकार दोनों को प्राप्त होगा।

(ii) विवाह उसी समय मान्य होगा जब पति अथवा पत्नी की पूरी सहमति हो।

(iii) परिवार समाज की एक मौलिक व प्राकृतिक इकाई है और इसे समाज व राज्य के संरक्षण का अधिकार है।

धारा 17 : (i) वैयक्तिक अथवा अन्य के सहयोग से सम्पत्ति अर्जित करने का अधिकार है।

(ii) किसी को भी स्वेच्छाचारितापूर्वक उसकी सम्पत्ति से वंचित नहीं किया जा सकेगा।

धारा 18 : प्रत्येक व्यक्ति को विचार, धारणा और धर्म की स्वतंत्रता का अधिकार है। इस अधिकार के अन्तर्गत अपने विश्वास और धर्म के परिवर्तन का अधिकार भी सम्मिलित है, साथ ही इसमें वैयक्तिक अथवा सामूहिक रूप में सार्वजनिक या निजी स्थान पर अपने धर्म और विश्वास के शिक्षण, आचरण, पूजा की अभिव्यक्ति भी सम्मिलित है।

धारा 19 : प्रत्येक व्यक्ति विचार और अभिव्यक्ति की स्वतंत्रता का अधिकारी है। इस अधिकार के अन्तर्गत बिना हस्तक्षेप के अपने विचार पर दृढ़ रहने की स्वतंत्रता का अधिकार भी सम्मिलित है। साथ ही, इसके अन्वेषण, सूचनाओं और

विचारों को किसी भी जनसंचार के माध्यम से सम्प्रेषित करने का अधिकार भी सम्मिलित है।

धारा 20 : (i) प्रत्येक व्यक्ति को यह अधिकार है कि वह शान्तिपूर्ण सभा व संगठन का आयोजन कर सकता है।

(ii) किसी को भी किसी संगठन से जुड़ने के लिए बाध्य नहीं किया जा सकता है।

धारा 21 : (i) प्रत्येक व्यक्ति को यह अधिकार है कि वह अपनी सरकार में शामिल हो सकता है चाहे प्रत्यक्ष रूप से चुने हुए या प्रतिनिधि के तौर पर।

(ii) प्रत्येक व्यक्ति को सार्वजनिक सेवा का समान अधिकार है।

(iii) जनता की इच्छा सरकार के प्रभुत्व का आधार है। यह इच्छा सार्वभौमिक और समान मताधिकार के द्वारा नियतकालीन और प्रामाणिक चुनाव के माध्यम से अभिव्यक्त होगी। यह चुनाव गुप्त मतदान अथवा स्वतंत्र मतदान प्रक्रिया द्वारा संचालित होगा।

धारा 22 : प्रत्येक व्यक्ति को समाज का सदस्य होने के नाते सामाजिक सुरक्षा का अधिकार है और इसी के तहत प्रत्येक राज्य या संस्था को अपने संसाधनों के अनुसार राष्ट्रीय व अन्तर्राष्ट्रीय स्तर पर सहयोग करने तथा सामाजिक व सांस्कृतिक अधिकारों की स्वतंत्रता है जिसमें उसकी गरिमा और व्यक्तित्व का विकास निहित है।

धारा 23 : (i) प्रत्येक व्यक्ति को काम करने, रोजगार चुनने एवं बेरोजगारी के विरुद्ध अपने कार्य स्थिति को सुधारने की स्वतंत्रता है।

(ii) बिना किसी वर्ग-विभेद के प्रत्येक व्यक्ति को समान कार्य के लिए समान वेतन प्राप्त करने का अधिकार है।

(iii) प्रत्येक व्यक्ति को अपने हितों के संरक्षण हेतु ट्रेड यूनियन के गठन और उसमें सम्मिलित होने का अधिकार है।

धारा 24 : प्रत्येक व्यक्ति को आराम और अवकाश जिसके अन्तर्गत उचित कार्यावधि के निर्धारण और वेतन सहित नियमित छुट्टियों का अधिकार है।

धारा 25 : (i) प्रत्येक व्यक्ति को अपने स्वास्थ्य और पारिवारिक सहूलियत हेतु, भोजन, कपड़ा, मकान, दवाई एवं अन्य सामाजिक कार्य हेतु सामान्य जीवन स्तर जीने का अधिकार है। बेरोजगारी, बीमारी, शारीरिक अक्षमता, वैधव्य, बुढ़ापा अथवा नियंत्रण से बाहर ऐसी परिस्थिति, जिसमें जीवनयापन के संसाधन की कमी हो, में सुरक्षा पाने का अधिकार भी सम्मिलित है।

(ii) मातृत्व और बचपन में विशेष देखभाल और सहायता के अधिकारी हैं। विवाह अथवा विवाहेतर सम्बन्ध से उत्पन्न सभी बच्चे समान सामाजिक सुरक्षा का उपभोग करेंगे।

धारा 26 : (i) प्रत्येक व्यक्ति को शिक्षा का अधिकार है। शिक्षा निःशुल्क होगी, विशेषकर प्रारम्भिक व मौलिक स्तर पर प्रारम्भिक शिक्षा आवश्यक होगी। तकनीकी और व्यावसायिक शिक्षा सामान्यतः उपलब्ध होगी तथा समान रूप से योग्यता के आधार पर उच्च शिक्षा उपलब्ध होगी।

(ii) मनुष्य के व्यक्तित्व के पूर्ण विकास हेतु अपने मौलिक अधिकारों व मानवाधिकार की रक्षा हेतु, शिक्षा प्रदान की जाएगी। यह शिक्षा विभिन्न राष्ट्रों, जातीय अथवा धार्मिक समूह के बीच परस्पर सहमति, सहनशीलता और मैत्री को बढ़ावा देगी और साथ ही शान्ति की बहाली हेतु संयुक्त राष्ट्र संघ की गतिविधियों को आगे बढ़ाएगी।

धारा 27 : (i) सभी व्यक्तियों को समाज की सांस्कृतिक गतिविधियों में भाग लेने का स्वतंत्र अधिकार है। उन्हें कलाओं का आनन्द तथा वैज्ञानिक उन्नति के लाभों में हिस्सेदारी का अधिकार है।

(ii) प्रत्येक व्यक्ति को अपने वैज्ञानिक, साहित्यिक और कलात्मक कार्य से उत्पन्न नैतिक और भौतिक हितों के संरक्षण का अधिकार है।

धारा 28 : (i) प्रत्येक व्यक्ति सामाजिक और अन्तर्राष्ट्रीय व्यवस्था का अधिकारी है जिसके तहत वह इस घोषणा-पत्र में निहित सभी अधिकारों एवं स्वतंत्रताओं का पूर्णतः उपभोग कर सके।

धारा 29 : (i) प्रत्येक व्यक्ति का अपने समुदाय के प्रति कुछ कर्तव्य है जिसमें उसका स्वतंत्र एवं पूर्ण विकास सम्भव हो।

(ii) प्रत्येक व्यक्ति को कानून द्वारा निर्धारित सीमाओं में अपनी स्वतंत्रता और अधिकारों को पाने का अधिकार है, जिसका उद्देश्य अपनी पहचान साथ ही दूसरे की स्वतंत्रता और अधिकारों का आदर करते हुए एक जनतांत्रिक समाज में नैतिकता, सार्वजनिक व्यवस्था एवं जनकल्याण को प्राप्त करना है।

(iii) यह सभी अधिकार किसी भी स्थिति में संयुक्त राष्ट्र संघ के सिद्धान्तों एवं उद्देश्यों के विरुद्ध नहीं हो सकते।

धारा 30 : इस घोषणा-पत्र में शामिल किसी भी प्रावधान की व्याख्या किसी भी देश, समूह या व्यक्ति को इसमें निहित अधिकारों या स्वतंत्रताओं को नष्ट करने वाली गतिविधियों में भाग लेने के अभिप्राय से नहीं की जानी चाहिए।

अध्याय-3

भारतीय संविधान

हमारे देश का संविधान एक मानवता-प्रधान ग्रन्थ है। उसमें निहित मौलिक अधिकार वास्तव में मानवाधिकार हैं और उसी ओर इंगित करते हैं। अगर हर इनसान के मौलिक अधिकार का संरक्षण किया जाए और उस पर हो रहे अत्याचार को रोका जाए तो किसी का मानवाधिकार उपेक्षित न होगा। पर अफसोस! वास्तव में ऐसा हो कहाँ पाता है और इनसान उपेक्षित और पीड़ित हो जाता है। उसका शोषण उसी तंत्र के माध्यम से होता है जिसके द्वारा उसका बचाव होना चाहिए।

इससे भी अफसोस की बात यह है कि हमारे समाज में महिलाओं को दोयम दर्जे की नागरिकता प्राप्त है। उनको उस निगाह से ही देखा जाता रहा है। शायद संविधान और उसमें निहित मौलिक अधिकारों की उनके लिए कोई अहमियत है ही नहीं।

जब हम एक निगाह उन अधिकारों की तरफ डालते हैं तो पाते हैं कि महिलाओं को उनसे वंचित रखा गया है। इनमें हम उन पाँच अधिकारों का वर्णन करते हैं जिनसे मानवाधिकार का सीधा सम्बन्ध स्थापित होता है।

समानता का अधिकार

समानता का अधिकार भारतीय संविधान के छः मौलिक अधिकारों में से एक है।

भारत का कोई भी राज्य किसी व्यक्ति को विधि के समक्ष समानता से या विधियों के समान संरक्षण से वंचित नहीं करेगा।

राज्य किसी नागारिक के विरुद्ध केवल धर्म, मूलवंश, जाति, लिंग, जन्मस्थान या इनमें से किसी के आधार पर कोई विभेद नहीं करेगा।

कोई नागरिक केवल धर्म, मूलवंश, जाति, लिंग, जन्मस्थान या इनमें से किसी के आधार पर दुकानों, सार्वजनिक भोजनालय, होटलों और सार्वजनिक मनोरंजन के स्थानों में प्रवेश या पूर्णतः या अंशतः राज्य निधि से पोषित या साधारण जनता के प्रयोग के लिए समर्पित कुओं, तालाबों, स्नानघाटों, सड़कों और सार्वजनिक समागम के स्थानों के उपयोग के सम्बन्ध में किसी शर्त के अधीन नहीं होगा।

इस अनुच्छेद की कोई भी बात राज्य को स्त्रियों और बालकों के लिए कोई विशेष प्रावधान करने से रोकेगी नहीं।

इस अनुच्छेद या अनुच्छेद-29 के खंड (2) की कोई बात राज्य को सामाजिक और शैक्षिक दृष्टि से पिछड़े हुए नागरिकों के किन्हीं वर्गों की उन्नति के लिए या अनुसूचित जातियों और अनुसूचित जनजातियों के लिए कोई विशेष प्रावधान बनाने से रोकेगी नहीं।

राज्य के अधीन किसी पद पर नियोजन या नियुक्ति से सम्बन्धित विषयों में सभी नागरिकों के लिए अवसर की समता होगी।

राज्य के अधीन किसी नियोजन या पद के सम्बन्ध में केवल धर्म, मूलवंश, जाति, लिंग, जन्मस्थान, निवास या इनमें से किसी के आधार पर न तो कोई नागरिक अयोग्य होगा, न उससे विभेद किया जाएगा।

इस अनुच्छेद की कोई भी बात संसद को कोई ऐसी विधि बनाने से रोकेगी नहीं जो किसी राज्य या संघ राज्यक्षेत्र की सरकार या उसके किसी स्थानीय या अन्य प्राधिकारी के अधीन वाले किसी वर्ग या वर्गों के पद पर नियोजन या नियुक्ति के सम्बन्ध में ऐसे नियोजन या नियुक्ति से पहले उस राज्य या संघ राज्यक्षेत्र के भीतर निवास विषयक कोई अपेक्षा विहित करती है।

इस अनुच्छेद की कोई भी बात राज्य को पिछड़े हुए नागरिकों के किसी वर्ग के पक्ष में, जिनका प्रतिनिधित्व राज्य के अनुसार राज्य के अधीन सेवाओं में पर्याप्त नहीं है, नियुक्तियों या पदों के आरक्षण के लिए प्रावधान बनाने से रोकेगी नहीं।

इस अनुच्छेद की कोई बात राज्य को अनुसूचित जातियों और अनुसूचित जनजातियों के पक्ष में, जिनका प्रतिनिधित्व राज्य की राय में राज्य के अधीन सेवाओं में पर्याप्त नहीं है, राज्य के अधीन सेवाओं में किसी वर्ग या वर्गों के पदों पर, प्रोन्नति के मामलों में आरक्षण के लिए प्रावधान करने से रोकेगी नहीं।

इस अनुच्छेद की कोई भी बात राज्य को किसी वर्ष में किन्हीं न भरी गई ऐसी रिक्तियों को, जो खंड(4) या खंड(4क) के अधीन किए गए आरक्षण के लिए किसी उपबन्ध के अनुसार उस वर्ष में भरी जाने के लिए आरक्षित हैं, किसी बाद के वर्ष या वर्षों में भरे जाने के लिए पृथक् वर्ग की रिक्तियों के रूप में विचार करने से मना नहीं करेगी और ऐसे वर्ग की रिक्तियों पर उस वर्ष की रिक्तियों के साथ जिसमें वे भरी जा रही हैं, उस वर्ष की रिक्तियों की कुल संख्या में 50 प्रतिशत आरक्षण की अधिकतम सीमा का अवधारण करने के लिए विचार नहीं किया जाएगा।

इस अनुच्छेद की कोई बात किसी ऐसी विधि के बनाने पर प्रभाव नहीं डालेगी जो यह प्रावधान करती है कि किसी धार्मिक या साम्प्रदायिक संस्था के क्रियाकलाप

से सम्बन्धित कोई पदधारी या उस पर शासन करने वाले निकाय, कोई सदस्य किसी विशिष्ट धर्म को माननेवाला या विशिष्ट सम्प्रदाय का ही हो।

स्वतंत्रता का अधिकार

स्वतंत्रता का अधिकार संविधान द्वारा दिए गए सभी अधिकारों में सबसे महत्त्वपूर्ण है। यह अधिकार भारत के सभी नागरिकों को प्राचीन दासत्व के रूप से मुक्त होने की अनुमति प्रदान करता है।

सभी नागरिकों को :

(i) भाषण और अभिव्यक्ति की स्वतंत्रता,
(ii) शान्तिपूर्वक निरायुध सभा करने की स्वतंत्रता,
(iii) संघ बनाने की स्वतंत्रता,
(iv) भारत के राज्यक्षेत्र में स्वेच्छा से कहीं भी आने-जाने की स्वतंत्रता,
(v) भारत के राज्यक्षेत्र के किसी भाग में निवास करने तथा बस जाने की स्वतंत्रता,
(vi) कोई वृत्ति, उपजीविका, व्यापार या कारोबार करने की स्वतंत्रता प्रदान करता है।

2. खंड (1) के उपखंड (क) की कोई बात उक्त उपखंड द्वारा दिए गए अधिकार के प्रयोग 16 (भारत की प्रभुता और अखंडता) पर राज्य की सुरक्षा, विदेशी राज्यों के साथ मैत्रीपूर्ण सम्बन्धों, लोक-व्यवस्था, शिष्टाचार या सदाचार के हितों में अथवा न्यायालय अवमानना, मानहानि या अपराध उद्दीपन के सम्बन्ध में युक्तियुक्त निर्बन्धन जहाँ तक कोई विद्यमान विधि अधिरोपित करती है वहाँ तक उसके प्रवर्तन पर प्रभाव नहीं डालेगी या वैसे निर्बन्धन अधिरोपित करने वाली कोई विधि बनाने से राज्य को मना नहीं करेगी।

उक्त खंड के उपखंड (ख) को कोई बात उक्त उपखंड द्वारा दिए गए अधिकार के प्रयोग पर (भारत की प्रभुता और अखंडता या) लोक-व्यवस्था के हितों में युक्तियुक्त निर्बन्धन जहाँ तक कोई विद्यमान विधि अधिरोपित करती है वहाँ तक उसके प्रवर्तन पर प्रभाव नहीं डालेगी या वैसे निर्बन्धन अधिरोपित करने वाली कोई विधि बनाने से राज्य को मना नहीं करेगी।

उक्त खंड के उपखंड (ग) की कोई बात उक्त उपखंड द्वारा दिए गए अधिकार के प्रयोग 16 (भारत की प्रभुता और अखंडता या) लोक-व्यवस्था या सदाचार के हितों में करती है वहाँ तक उसके प्रवर्तन पर प्रभाव नहीं डालेगी या वैसे निर्बन्धन अधिरोपित करने वाली कोई विधि बनाने से राज्य को निवारित नहीं करेगी।

उक्त खंड के 17 [उपखंड (घ) और उपखंड (ङ)] की कोई बात उक्त उपखंडों द्वारा दिए गए अधिकार के प्रयोग पर साधारण जनता के हितों में या किसी अनुसूचित जनजाति के हितों के सरंक्षण के लिए युक्तियुक्त निर्बन्धन जहाँ तक कोई विद्यमान विधि अधिरोपित करती है वहाँ तक अधिरोपित करने वाली कोई विधि बनाने से राज्य को मना नहीं करेगी।

उक्त खंड के (घ) की कोई बात उक्त उपखंड द्वारा दिए गए अधिकार के प्रयोग पर साधारण जनता के हितों में युक्तियुक्त निर्बन्धन जहाँ तक कोई विद्यमान विधि अधिरोपित करती है वहाँ तक उसके प्रवर्तन पर प्रभाव नहीं डालेगी या वैसे निर्बन्धन अधिरोपित करने वाली कोई विधि बनाने से राज्य को रोकेगी नहीं और विशिष्ट तथा 18 (उक्त उपबन्ध की कोई बात) :

1(i) कोई वृत्ति, उपजीविका, व्यापार या कारोबार करने के लिए आवश्यक वृत्ति या तकनीकी अर्हताओं से या **(ii)** राज्य द्वारा या राज्य के स्वामित्व या नियंत्रण में किसी निगम द्वारा कोई व्यापार, कारोबार, उद्योग अपवर्जन करके या अन्यथा चलाए जाने से, जहाँ तक कोई विद्यमान विधि सम्बन्ध रखती है वहाँ तक उसके प्रवर्तन पर प्रभाव नहीं डालेगी या इस प्रकार सम्बन्ध रखने वाली कोई विधि बनाने से राज्य को रोकेगी नहीं।

संस्कृति और शिक्षा का अधिकार

संस्कृति और शिक्षा सम्बन्धी अधिकार भारतीय संविधान द्वारा प्रदत्त छः मौलिक अधिकारों में से एक है।

यह अधिकार प्रत्येक नागरिक को जहाँ से वह चाहे जाकर संस्कृति और शिक्षा प्राप्त करने का अधिकार देता है।

भारत के राज्य क्षेत्र या उसके किसी भाग के निवासी नागरिकों के किसी अनुभाग को जिसकी अपनी विशेष भाषा लिपि या संस्कृति है, उसे बनाए रखने का अधिकार होगा। राज्य द्वारा पोषित या राज्य निधि से सहायता पाने वाले किसी शिक्षा संस्था में प्रवेश से किसी भी नागरिक को केवल धर्म, मूलवंश, जाति, भाषा या इनमें से किसी के आधार पर वंचित नहीं करेगा।

धर्म या भाषा पर आधारित सभी अल्पसंख्यक वर्गों को अपनी रुचि की शिक्षा संस्थाओं की स्थापना और प्रशासन का अधिकार होगा।

खंड (1) में निर्दिष्ट किसी अल्पसंख्यक वर्ग द्वारा स्थापित और प्रशासित शिक्षा संस्था की सम्पत्ति के अनिवार्य अर्जन के लिए उपबन्ध करने वाली विधि बनाते समय, राज्य यह सुनिश्चित करेगा कि ऐसी सम्पत्ति के अर्जन के लिए ऐसी विधि द्वारा नियत

या उसके अधीन अवधारित रकम इतनी हो कि उस खंड के अधीन प्रत्याभूत अधिकार निर्बन्धित या निराकृत न हो जाए।

शिक्षा संस्थाओं को सहायता देने में राज्य किसी शिक्षा संस्था के विरुद्ध इस आधार पर विभेद नहीं करेगा कि वह धर्म या भाषा पर आधारित किसी अल्पसंख्यक वर्ग के प्रबन्ध में है।

धार्मिक स्वतंत्रता का अधिकार

धार्मिक स्वतंत्रता का अधिकार सभी भारतीय नागरिकों को उनकी इच्छा के अनुसार धर्म चुनने या मानने का अधिकार देता है। यह मौलिक अधिकार किसी व्यक्ति के उसके धर्म आचरण करने के सन्दर्भ में काफी विचारों के बाद अपनाया गया।

संविधान की धारा 25(1) के अनुसार लोक-व्यवस्था, सदाचार और स्वास्थ्य तथा इस भाग के अन्य उपबन्धों के अधीन रहते हुए सभी व्यक्तियों का अन्तःकरण की स्वतंत्रता का और धर्म के अबाध रूप से मानने, आचरण करने और प्रचार करने का समान अधिकार होगा।

धारा 25(2) के अनुसार इस अनुच्छेद की कोई बात किसी ऐसी विद्यमान विधि-1 प्रवर्तन पर प्रभाव नहीं डालेगी या राज्य को कोई ऐसी विधि बनाने से मना नहीं करेगी जो :

(क) धार्मिक आचरण से सम्बद्ध किसी आर्थिक, राजनीतिक या अन्य लौकिक क्रियाकलाप का विनियमन या निर्बन्धन करती है।

(ख) सामाजिक कल्याण और सुधार के लिए या सार्वजनिक प्रकार की हिन्दुओं की धार्मिक संस्थाओं को हिन्दुओं के सभी वर्गों और अनुभागों के लिए खोलने का उपबन्ध करती है।

इस धारा के अन्तर्गत सभी व्यक्तियों को अन्तःकरण की स्वतंत्रता और धर्म के अबाध रूप से मानने, आचरण करने और प्रचार करने का समान अधिकार होगा।

राज्य नीचे दिए गए कुछ आधारों पर नियंत्रण लगा सकता है–

(i) लोक-व्यवस्था, सदाचार और स्वास्थ्य के आधार पर,

(ii) संविधान के अन्य प्रावधानों के आधार पर,

(iii) धार्मिक आचरण से सम्बद्ध किसी गैर-धार्मिक क्रियाकलाप के विनियमन के आधार पर,

(iv) सामाजिक कल्याण और सुधार के आधार पर।

(i) हिन्दुओं की सार्वजनिक धार्मिक संस्थाओं को हिन्दुओं के सभी वर्गों और अनुभागों के लिए खोलने का उपबन्ध करती है।

शोषण के विरुद्ध अधिकार

शोषण के विरुद्ध अधिकार भारतीय नागरिकों को किसी भी प्रकार के शोषण, जिसे वे भुगत रहे हों, के विरुद्ध खड़ा होने का अधिकार देता है।

धारा 23–मानव के दुर्व्यापार और बलात् श्रम का निषेध–

(1) मानव का दुर्व्यापार और बेगार तथा इसी प्रकार का अन्य बलात् श्रम प्रतिसिद्ध किया जाता है और इस उपबन्ध का कोई भी उल्लंघन अपराध होगा, जो विधि के अनुसार दंडनीय होगा।

(2) इस अनुच्छेद की कोई बात राज्य को सार्वजनिक प्रयोजनों के लिए अनिवार्य सेवा अधिरोपित करने से रोकेगी नहीं। ऐसी सेवा अधिरोपित करने में राज्य केवल धर्म, मूलवंश, जाति या वर्ग या इनमें से किसी के आधार पर कोई विभेद नहीं करेगा।

धारा 24–कारखानों आदि में बालकों के नियोजन का प्रतिषेध–14 वर्ष से कम आयु के किसी बालक को कारखानों या खान में काम करने के लिए नियोजित नहीं किया जाएगा या किसी अन्य संकटमय नियोजन या रोजगार में नहीं लगाया जाएगा।

संवैधानिक उपचारों का प्रावधान नागरिकों को यह अधिकार देता है कि यदि सरकार कोई ऐसा कार्य करती है जिससे उसके मौलिक अधिकारों का हनन होता है तो नागरिकों का न्यायिक उपचार प्राप्त करने का अधिकार है।

धारा 32–इस भाग द्वारा प्रदत्त अधिकारों को प्रवर्तित कराने के लिए उपचार

(1) इस भाग द्वारा प्रदत्त अधिकारों को प्रवर्तित कराने के लिए समुचित कार्यवाहियों द्वारा उच्चतम न्यायलय में समावेदन करने का अधिकार प्रत्याभूत किया जाता है।

(2) इस भाग द्वारा प्रदत्त अधिकारों में से किसी को प्रवर्तित कराने के लिए उच्चतम न्यायालय को ऐसे निर्देश या आदेश या रिट, जिनके अन्तर्गत बन्दी प्रत्यक्षीकरण पर आदेश, प्रतिषेध, अधिकार, पृच्छा और उत्प्रेषण रिट हैं, जो भी उचित हो, निकालने की शक्ति होगी।

(3) उच्चतम न्यायालय को खंड(1) और खंड(2) द्वारा प्रदत्त शक्तियों पर प्रतिकूल प्रभाव डाले बिना, संसद उच्चतम न्यायालय द्वारा खंड(2) के अधीन प्रयोक्तव्य किन्हीं या सभी शक्तियों का किसी अन्य न्यायालय

को अपनी अधिकारिता की स्थानीय सीमाओं के भीतर प्रयोग करने के लिए विधि द्वारा सशक्त कर सकेगी।

(4) इस संविधान द्वारा अन्यथा उपबंधित के सिवाय इस अनुच्छेद द्वारा प्रत्याभूत अधिकार निलंबित नहीं किया जाएगा।

धारा 33–इस भाग द्वारा प्रदत्त अधिकारों को, बलों आदि को लागू होने में, उपांतरण करने की संसद की शक्ति संसद विधि द्वारा अवधारण कर सकेगी कि इस भाग द्वारा प्रदत्त अधिकारों में से कोई :

(क) सशस्त्र बलों के सदस्यों को या

(ख) लोक-व्यवस्था बनाए रखने का भार वहन करने वाले बलों के सदस्यों को, या

(ग) आसूचना या प्रति आसूचना के प्रयोजनों के लिए राज्य द्वारा स्थापित किसी ब्यूरो या अन्य संगठन में नियोजित व्यक्तियों को, या

(घ) खंड (क) से खंड (ग) में निर्दिष्ट किसी बल, ब्यूरो या संगठनों के प्रयोजनों के लिए स्थापित दूरसंचार प्रणाली में या उसके सम्बन्ध में नियोजित व्यक्तियों को, लागू होने में, किस विस्तार तक निर्बन्धित या निराकृत किया जाए जिससे उनके कर्तव्यों का उचित पालन और उनमें अनुशासन बना रहना सुनिश्चित रहे।

धारा 34–जब किसी क्षेत्र में सेना विधि प्रवृत्त है तब इस भाग द्वारा प्रदत्त अधिकारों पर निर्बन्धन इस भाग के पूर्वगामी उपबन्धों में किसी बात के होते हुए भी, किसी व्यक्ति की या किसी अन्य व्यक्ति की किसी ऐसे कार्य के सम्बन्ध में क्षतिपूर्ति कर सकेगी जो उसने भारत के राज्यक्षेत्र के भीतर किसी ऐसे क्षेत्र में, जहाँ सेना विधि प्रवृत्त थी, व्यवस्था के बनाए रखने या पुनः स्थापन के सम्बन्ध में किया है या ऐसे क्षेत्र में सेना विधि के अधीन पारित दंडादेश, दिए गए दंड या किए गए अन्य कार्य को विधिमान्य कर सकेगी।

धारा 35–इस भाग के उपबन्धों को प्रभावी करने के लिए विधान–इस संविधान में किसी बात के होते हुए भी,

(क) संसद को शक्ति होगी और किसी राज्य के विधान-मंडल को शक्ति नहीं होगी कि वह :

(i) जिन विषयों के लिए अनुच्छेद 16 के खंड (3), अनुच्छेद 32 के खंड(3), अनुच्छेद 33 और अनुच्छेद 34 के अधीन संसद विधि द्वारा उपबन्ध कर सकेगी उनमें से किसी के लिए और

(ii) ऐसे कार्यों के लिए, जो इस भाग के अधीन अपराध घोषित किए गए है, दंड विहित करने के लिए, विधि बनाए और संसद इस

संविधान के प्रारम्भ के पश्चात् यथाशक्य शीघ्र ऐसे कार्यों के लिए, जो उपखंड (ii) में निर्दिष्ट हैं, दंड विहित करने के लिए विधि बनाएगी,

(ख) खंड (क) के उपखंड (1) में निर्दिष्ट विषयों में से किसी से सम्बन्धित या उस खंड के उपखंड (ii) में निर्दिष्ट किसी कार्य के लिए दंड का उपबन्ध करने वाली कोई प्रवृत्त विधि, जो भारत के राज्यक्षेत्र में इस संविधान के प्रारम्भ से ठीक पहले प्रवृत्त थी, उसके निर्बन्धनों के और अनुच्छेद-372 के अधीन उसमें किए गए किन्हीं अनुकूलनों और उपांतरणों के अधीन रहते हुए तब तक प्रवृत्त रहेगी जब तक उसका संसद द्वारा परिवर्तन या निरसन या संशोधन नहीं कर दिया जाता है।

अध्याय-4

बीजिंग का घोषणा-पत्र

1. हम सभी चतुर्थ महिला विश्व सम्मेलन में भाग ले रहे हैं।
2. हम सब यहाँ बीजिंग में संयुक्त राष्ट्र संघ की पचासवीं सालगिरह (Sep, 1995) पर एकत्र हुए हैं।
3. सभी मानवतावादी समानता का लक्ष्य व महिलाओं के विकास एवं शान्ति को सर्वत्र फैलाने का निश्चय करते हैं।
4. समाज की सभी महिलाओं की आवाज को महत्त्व देते हुए उनकी जीवन शैली में आए हुए परिवर्तन और विकास तथा महिलाओं के प्रति सम्मान पर आज की युवा पीढ़ी को कई आशाएँ हैं।
5. स्मरणीय है पिछले कई दशकों से महिलाओं की स्थिति में सुधार और परिवर्तन आया है। परन्तु पुरुषों व महिलाओं के बीच भेद-भाव की स्थिति आज भी बनी हुई है जो आज भी लोगों के लिए जटिल समस्या बनी हुई है।
6. इतना ही नहीं, यह स्थिति विश्व में बढ़ती हुई गरीबी के कारण उत्पन्न हुई है, जिसने अधिकांशतः महिलाओं व बच्चियों के जीवन को राष्ट्रीय व अन्तर्राष्ट्रीय स्तर पर प्रभावित किया है।
7. हम सभी को सचेत रूप से इन बाधाओं और रुकावटों के प्रति दिशा-निर्देश करना है। अब हम महिला सशक्तीकरण व उनके विकास को सर्वत्र ठोस रूप प्रदान करने व उसे दूसरी शताब्दी में आगे ले जाने का प्रयत्न करेंगे।
8. संयुक्त राष्ट्र संघ के चार्टर में वर्णित समानता के अधिकार महिलाओं व पुरुषों के उद्‌देश्य व सिद्धान्त जो कि मानवाधिकार की सूची और कई अन्तर्राष्ट्रीय मानवाधिकार के लिखित बन्ध-पत्र में है, खासकर महिलाओं के भेद-भाव को मिटाने हेतु और बच्चों के अधिकारों से उत्पन्न भेद-भाव को मिटाने हेतु तथा महिलाओं के प्रति बढ़ रहे अहिंसा को रोकने हेतु सचेत रहना है।

9. महिलाओं और बच्चों के प्रभावी मानवाधिकार की पूर्ण सुरक्षा हेतु प्रयासरत है कि लड़की एक अहस्तान्तरित, अटूट व अभेद्य भाग है सभी मौलिक अधिकारों तथा मानवाधिकार के क्षेत्र में।
10. पिछले संयुक्त राष्ट्र संघ के कॉन्फ्रेंस और शिखर सम्मेलन, जो महिलाओं के विकास और पराकाष्ठा पर बना था, नैरोबी में 1985 में, न्यूयॉर्क में 1990 में बच्चों पर, रियो डी जेनेरो में (1992) पर्यावरण और विकास कार्यों में जनसंख्या वृद्धि (1994), 1993 में वियना में मानवाधिकार पर, सामाजिक विकास कोपेनहेगेन में 1995 में शान्ति, समानता और विकास के दृष्टिकोण के साथ।
11. महिलाओं के उत्तरोत्तर विकास को पूर्ण रूप से नैरोबी की अग्रसर नीति में ग्रहण किया गया।
12. महिला सशक्तीकरण तथा महिला विकास स्वतंत्र सोच, सद्‌विचार, धर्म-विश्वास, एवं इस प्रकार नैतिकता, नीति-सम्बन्धी, आत्मीय एवं औरत तथा पुरुष की बौद्धिक आवश्यकता व्यक्तिगत या सामुदायिक रूप से समाज के सोच एवं आकार के निर्धारण में अपना अहम योगदान है।
13. हम लोग स्वीकार करते हैं कि महिला सशक्तीकरण एवं उनकी समाज में पूर्ण गुणात्मक सहभागिता यहाँ तक कि वैचारिक प्रक्रिया एवं शक्ति के लिए पहुँच ये सब समानता, विकास एवं शान्ति के लिए मौलिक अधिकार की प्राप्ति।
14. महिला का अधिकार भी मानवीय अधिकार है।
15. समान अधिकार, अवसर एवं संशाधनों के प्रति पहुँच, पुरुष और महिलाओं की पारिवारिक उत्तरदायित्व में समान सहभागिता और उनके परस्पर मेल परिवार तथा प्रजातंत्र के लिए भी रचनात्मक सुकीर्ति है।
16. आर्थिक विकास, सामाजिक विकास, पर्यावरण सुरक्षा तथा सामाजिक न्याय तथा आर्थिक-सामाजिक विकास, समान अवसर के लिए गरीबी उन्मूलन की आवश्यकता है। यह पुरुष तथा महिला की समान सहभागिता और उनके विकास के लिए लाभकारी है।
17. सम्पूर्ण महिलाओं की स्पष्ट पहचान तथा सकारात्मक अधिकार के लिए विकास सशक्तीकरण की जड़ है।
18. स्थानीय, राष्ट्रीय, क्षेत्रीय एवं वैश्विक शान्ति महिलाओं के विकास से स्पष्ट रूप से जुड़ा हुआ मुद्दा है, जो कि नेतृत्व परिवर्तन और स्थायी शान्ति के लिए अत्यावश्यक है।

19. महिलाओं के विकास एवं सशक्तीकरण के लिए यह आवश्यक है कि उनकी उपयोगिता और प्रभावी सहभागिता, स्वाभाविक व्यक्तित्व का निरवार, नीतियाँ, विकास के साथ-साथ आवश्यक समझा जाए।
20. सभ्य समाज के सभी नायकों की सहभागिता एवं योगदान खासकर महिलाओं के सामूहिक प्रयत्न चाहे वह गैर-सरकारी संस्थाओं से ही क्यों न हो, किसी भी कार्य की प्रभावी उपयोगिता के लिए बहुत आवश्यक हैं।
21. कार्यस्थल को उपयोगिता के लिए सरकार और अन्तर्राष्ट्रीय समुदायों द्वारा प्रोत्साहन आवश्यक है। राष्ट्रीय तथा अन्तर्राष्ट्रीय वर्ग, सम्मेलन के साथ-साथ सरकारी और अन्तर्राष्ट्रीय समुदायों का सहयोग महिलाओं की प्रगति एवं सशक्तीकरण के लिए प्राथमिकता भरे कार्य हैं।

हम लोग दृढ़ हैं कि–

22. इस शताब्दी के अन्त तक महिला उत्थान के लक्ष्य को प्राप्त करने के लिए नैरोबी के फॉरवर्ड लुकिंग स्टेट्रीज का तीव्र प्रयास और कार्य सराहनीय है।
23. महिलाओं की स्वतंत्रता एवं अधिकार हनन के विरुद्ध मानवाधिकार और मौलिक स्वतंत्रता के लिए बालिकाओं तथा महिलाओं की पूर्ण प्रसन्नता को सुनिश्चित करना आवश्यक है।
24. महिलाओं के सशक्तीकरण तथा उत्थान के लिए लिंग असमानता की रीतियों को हटाना तथा बालिकाओं एवं महिलाओं के आवश्यक योगदान को स्वीकार करना आवश्यक है।
25. समानता के सभी प्रयासों में पुरुषों की साहसिक सहभागिता अति आवश्यक है।
26. महिलाओं की आर्थिक आत्मनिर्भरता के साथ-साथ रोजगार तथा कुरीतियों का उन्मूलन, बढ़ती हुई गरीबी का बोझ तथा गरीबी रचनात्मक कारण एवं परिवर्तन के द्वारा सुदूर क्षेत्रों में विकास और उपजाऊ संसाधनों, अवसरों एवं लोक- सेवाओं की अहमियत आवश्यक है।
27. स्थायी आर्थिक विकास के साथ-साथ शिक्षा का मौलिक उद्देश्य आजीवन शैक्षणिक तथा प्रशिक्षित शिक्षा एवं बालिकाओं एवं महिलाओं के लिए प्राथमिक देखभाल को प्रोत्साहित करना भी स्थायी विकास के लिए जरूरी है।
28. प्रभावकारी अन्तर्राष्ट्रीय नियंत्रण तथा स्वाभाविक निष्कर्ष के समर्थन में शान्तिपूर्ण परिवर्तन तथा सामान्य एवं पूर्ण रूप से निशस्त्रीकरण के लिए सकारात्मक कदम उठाना जरूरी है।
29. बालिकाओं तथा महिलाओं के विरुद्ध सभी प्रकार की हिंसा को रोकना तथा उसका निराकरण करना भी आवश्यक है।

30. पुरुष तथा महिलाओं के प्रति समान व्यवहार तथा सामान्य स्वास्थ्य के लिए समान प्रयास सुनिश्चित करना तथा इसके लिए यौगिक एवं रचनात्मक स्वास्थ्य शिक्षण की व्यवस्था भी जरूरी है।
31. बालिकाओं तथा महिलाओं के मानवाधिकारों की रक्षा तथा उनका प्रोत्साहन जरूरी है।
32. महिलाओं तथा बालिकाओं के सभी मौलिक अधिकारों, स्वतंत्रता तथा मानवाधिकारों की समान खुशियों को तीव्र प्रोत्साहन जो उनके सशक्तीकरण तथा उत्थान के लिए आवश्यक है, और उनके प्रतियोगिता काल, भाषा, नैतिकता, संस्कृति, धर्म या असमानता के लिए लोगों द्वारा सामूहिक प्रयास को विकसित किया जाए।
33. विशेषकर बालिकाओं तथा महिलाओं की सुरक्षा के लिए मानवीय मूल्यों के साथ-साथ अन्तर्राष्ट्रीय नियमों का पालन सुनिश्चित करना है।
34. सभी उम्र की बालिकाओं तथा महिलाओं की समान सहभागिता वैश्विक बेहतरी में महत्त्वपूर्ण है।
35. अन्तर्राष्ट्रीय सहयोग के माध्यम से महिलाओं एवं बालिकाओं के विकास एवं सशक्तीकरण हेतु आर्थिक स्रोत, जैसे–भूमि, कीर्ति, विज्ञान और तकनीकी सूचना, व्यावसायिक प्रशिक्षण, कम्युनिकेशन, बाजार इत्यादि उनकी क्षमतानुसार उपलब्ध हो।
36. उनके लिए एक मंच सुरक्षित हो, अन्तर्राष्ट्रीय व अन्य किसी भी संस्था में। हम सभी गहराई से यह महसूस करते हैं कि आर्थिक विकास, सामाजिक विकास तथा वायुमंडलीय सुरक्षा परस्पर एक दूसरे पर निर्भर हैं तथा स्थिर विकास के घटक हैं। जिसका अभिप्राय सभी मनुष्यों का बेहतर जीवन बनाना है। खासकर उन महिलाओं के लिए जो गरीबी रेखा से नीचे रह रही हैं, उन्हें वातावरण के उपलब्ध सभी स्रोतों को उपलब्ध कराना। हम यह भी महसूस करते हैं कि आर्थिक विकास को स्थिर विकास के रूप में ढालने के लिए सामाजिक विकास और समाजिक न्याय की आवश्यकता है। इस व्यवस्था की सफलता के लिए राष्ट्रीय व अन्तर्राष्ट्रीय सहयोग की आवश्यकता है, इतना ही नहीं सभी विकासशील देशों द्वारा उपलब्ध दो या अधिक जागरूक प्राइवेट स्रोतों को महिलाओं के विकास हेतु राष्ट्रीय या क्षेत्रीय, अन्तर्राष्ट्रीय संस्थाओं को वित्तीय सहायता की आवश्यकता है। सभी महिला वर्ग तथा पुरुष वर्ग को समान अधिकार, क्षेत्रीय तथा अन्तर्राष्ट्रीय क्षेत्र में सभी नीतियों के बनाने में समान सहयोग देना है, जिससे विश्व की सभी महिलाओं की आर्थिक स्थिति को मजबूती प्रदान हो।

37. आर्थिक परिवर्तन के क्षेत्र में एक सफल मंच दे जिसे अन्तर्राष्ट्रीय सहयोग की लगातार आवश्यकता है।

38. इसलिए हम लोग यहाँ संकल्प लेते हैं कि एक सरकार के रूप में हम सभी निम्नलिखित कार्य सुरक्षित करेंगे। अपनी सभी नीतियों और प्रोग्राम में हम संयुक्त राष्ट्र संघ की क्षेत्रीय और अन्तर्राष्ट्रीय वित्तीय संस्थाओं को प्रेरित करते हैं, सभी पुरुषों एवं महिलाओं के साथ ही साथ सभी सरकारी संस्थाओं को उनकी पूरी प्रजातंत्र के साथ तथा सभी नगरिक व्यवस्था को सरकार के पूरे सहयोग के साथ स्वयं को इस क्रिया को क्रियान्वित करने के लिए स्वयं को समर्पित करना है।

अन्तर्राष्ट्रीय मानवाधिकार कानून

'अन्तर्राष्ट्रीय मानवाधिकार कानून' कानून का ऐसा तंत्र है जो, घरेलू, क्षेत्रीय, अन्तर्राष्ट्रीय अधिकारों का एक अभिप्राय है। मानवाधिकार कानून विभिन्न प्रकार के अन्तर्राष्ट्रीय अधिकारों के बने हैं जो इसकी माँगों से बँधे हुए हैं।

एक अत्यन्त महत्त्वपूर्ण विचार जो कि मानवाधिकार के अन्तर्गत है, वह है इसका सर्वव्यापी प्रभुत्व। कोई भी राष्ट्र मानवाधिकार के विचार का हनन नहीं कर सकता है, किसी भी अवस्था में कुछ प्रचलित मानवाधिकार के नियम सबके लिए बाध्य हैं, उनके लिए भी जो संघ के सदस्य नहीं हैं।

व्यवहार में तो मानवाधिकार कानून घरेलू स्तर पर लागू है पर देशों को यह निश्चित करना होगा कि घरेलू स्तर पर मानवाधिकार कानून मान्य है।

अन्तर्राष्ट्रीय मानवाधिकार आयोग क्षेत्रीय स्तर पर गठित कानून है, इसके तीन भाग हैं जो पार्टी राज्यों को मानने के लिए बाध्य करते हैं–

(1) अफ्रीकन चार्टर

(2) अमेरिकन कन्वेंशन तथा

(3) यूरोपियन कन्वेंशन।

मानवाधिकार अन्तर्राष्ट्रीय मानवीय कानून या शरणार्थी कानून नहीं किन्तु यह इससे जुड़ा अवश्य है। युद्ध-घटना या इनसानियत के विरुद्ध अपराध के अपने अलग कानून हैं, जो इस प्रकार से हैं :

(1) मानवाधिकार की सर्वव्यापी घोषणा

(2) दोनों की पारस्परिक स्वीकृति

(3) अन्तर्राष्ट्रीय मानवाधिकार सन्धि

(4) क्षेत्रीय मानवाधिकार शस्त्र,

(5) सर्वव्यापी प्रभुत्व,

(6) देखना

(7) सन्दर्भ में

(8) बाह्य सम्बन्ध

मानवाधिकार की सर्वव्यापी घोषणा

सर्वव्यापी मानवाधिकार की घोषणा का यह अर्थ कदापि नहीं है कि यह अन्तर्राष्ट्रीय कानून है जिससे सारे मनुष्य बँधे हुए हैं। यद्यपि कुछ विद्वान United Nation Declaration of Human Rights को व्यावहारिक स्थान दे रहे हैं, UDHR एक प्रगाढ़ मानवाधिकार का सन्दर्भ भी प्रस्तुत करता है, जो सभी अन्तर्राष्ट्रीय मानवाधिकार को मानने के लिए बाध्य करता है।

सर्वव्यापी घोषणा को अन्तर्राष्ट्रीय सन्धि के रूप में ग्रहण किया गया है, उन दो विभिन्न सन्दर्भों में नगरीय और राजनीतिक अधिकार तथा अन्तर्राष्ट्रीय सन्दर्भ में आर्थिक, सामाजिक व सांस्कृतिक रूप में।

इस सन्दर्भ में यह ध्यान देने योग्य है कि कुछ राज्यों ने इस सन्धि पर हस्ताक्षर तो किया परन्तु इसे दृढ़ नहीं किया। ये दोनों ही सन्दर्भ 1976 में लागू हुए जब एक बड़े परिमाण में देशों ने इसे सुदृढ़ता प्रदान की।

तब से इन दोनों समझौतों पर अन्य कई सन्धियाँ अन्तर्राष्ट्रीय स्तर पर लागू की गईं।

ये साधारणतः मानवाधिकार के लेखन-पत्र जाने जाते हैं, जो अत्यन्त महत्त्वपूर्ण तरीके से जुड़े हुए हैं :

1. जातिप्रथा का उन्मूलन जो 1966 में ग्रहण किया गया और 1969 से मान्य हुआ।
2. महिलाओं के प्रति भेदभाव का उन्मूलन (1981)
3. संयुक्त राष्ट्र संघ का प्रताड़ना के खिलाफ उन्मूलन ग्रहण किया गया (1984) में, प्रभावकारी भी हुआ (1984) में ही।
4. बाल अधिकारों की सुरक्षा (1989)
5. बाहरी कार्यकर्ताओं और मेम्बर्स के परिवारों तथा उनके अधिकारों की सुरक्षा का नियम (1990)

मुख्यतः तीन क्षेत्रीय मानवाधिकार नियम हैं, जिन्होंने मानवाधिकार को क्षेत्रीय आधार पर स्थापित किया है–

1. अफ्रीकन चार्टर ऑन ह्यूमन राइट,
2. अमेरिकन कन्वेंशन ऑन ह्यूमन राइट,
3. यूरोपियन कन्वेंशन ऑन ह्यूमन राइट फॉर यूरोप।

फिलहाल अभी कोई भी अन्तर्राष्ट्रीय न्यायालय मानवाधिकार कानून की सुनवाई के लिए नहीं है। अन्तर्राष्ट्रीय आपराधिक कोर्ट केवल मात्र युद्ध का अपराध व इंसानियत के विरुद्ध अपराध पर अपना न्यायिक प्रभुत्व रखता है।

राष्ट्र का उत्तरदायित्व यह है कि वह अन्तर्राष्ट्रीय मानवाधिकार कानून को प्रभावी रखे व इसकी वास्तविकता बरकरार रखे।

कुछ अधिकारों की अनुकूलता में मानवाधिकारों को व्यवहार में लाना कभी-कभी कठिन हो जाता है।

110 देशों में मानवाधिकार संस्थाएँ मानवाधिकारों की स्थापना, रक्षा व निर्देश को न्यायिक रूप दिलाने के लिए बनाई गई हैं।

यद्यपि सभी NHRIS देश पेरिस के सिद्धान्तों के आज्ञाकारी नहीं हैं। पेरिस का सिद्धान्त पहली बार मानवाधिकारों की रक्षा हेतु International workshop on National Instiution में Oct 1991 में बनाया गया था जो बाद में संयुक्त राष्ट्र संघ मानवाधिकार कमीशन 1992/54 of 1992 व जनरल एसेम्बली रिजोल्यूशन 48/134 of 1993 में ग्रहण किया गया।

पेरिस सिद्धान्त ने उत्तरदायित्वों की लम्बी सूची राष्ट्रीय संस्थाओं को दी है।

सर्वव्यापी न्यायिक प्रभुत्व अन्तर्राष्ट्रीय कानून में एक विवादित सिद्धान्त है जहाँ राज्य किसी व्यक्ति के ऊपर आपराधिक कानून दायर कर सकता है, जो व्यक्ति राज्य की सीमा के बाहर अपराधी घोषित हुए हों, उन्हें दंड दिया जा सकता है। उसकी राज्य की बिना पर उसकी राष्ट्रीयता या आवास को नकार के। क्योंकि उसका अपराध ऐसा दंड माना जाएगा जिसे कोई भी देश दंडित कर सकता है।

सन् 1993 में बेल्जियम ने सर्वव्यापी प्रभुता का कानून पास किया जिसमें सभी देशों को मानवता के खिलाफ अपराध करने पर दंड देने के अधिकार हैं। सन् 1998 में अगस्तो पीनोसेट मानवाधिकार के खिलाफ अपराध करने पर स्पेनीस जज बलतजार गारजन से दंड का अधिकारी हुआ था।

अध्याय-5

वियना सम्मेलन-1993

वियना डिक्लरेशन व प्रोग्राम ऑफ एक्शन VDPA के नाम से भी जानी जाती है, जिसे वियना (ऑस्ट्रिया) में 25 जून, 1993 को विश्व मानवाधिकार सम्मेलन के दौरान ग्रहण किया गया था।

विषय सूची :

(1) पीछे देखना

(2) सर्वव्यापी प्रासंगिक मानवाधिकार सिद्धान्त

(3) अविभाज्य, परस्पर आश्रयी और परस्पर जुड़ा हुआ सिद्धान्त

(4) प्रजातंत्र, विकास एवं मानवाधिकार

(5) गरीबी

(6) विकास का अधिकार

(7) महिला अधिकार व घरेलू हिंसा

(8) राज्य के मानवाधिकार सम्बन्धी उत्तरदायित्व

(9) अनुगमन

(10) मानवाधिकार हेतु राष्ट्र के उच्च अधिकारी की नियुक्ति

(11) देश के तीन बाहरी जुड़ाव

VDPA ने दुबारा मानवाधिकार को संयुक्त राष्ट्र के चार्टर में स्थिर किया। इसकी प्रस्तावना में कहा गया है–"मानवाधिकार विश्व सम्मेलन विचार करता है कि मानवाधिकार की रक्षा व उसकी बढ़ोतरी अन्तर्राष्ट्रीय संघ के लिए प्राथमिकता रखता है इसलिए यह सम्मेलन अन्तर्राष्ट्रीय मानवाधिकार के विचार-विमर्श हेतु एक अवसर रखता है जिससे एक सुव्यवस्थित ढंग से मानवाधिकार को एक दिशा मिल सके।" हम सभी समय के अनुसार यह अपेक्षा करते हैं कि विश्व समुदाय के लोग अपने मौलिक अधिकारों की रक्षा के लिए इसका लाभ उठा सकें।

शीतयुद्ध की समाप्ति होते-होते VDPA ने विश्व सम्मेलन में मानवाधिकार पर प्रभावकारी विश्लेषण दिया था। VDPA ने प्रस्तावना में कहा है संयुक्त राष्ट्र के चार्टर

में युद्ध से पीड़ित या अन्तर्राष्ट्रीय कानून को सन्धियों द्वारा–सफल सन्तति की रक्षा के लिए–न्याय व सम्मान मिल सके, जिससे स्वतंत्र जीवन का समुचित विकास हो सके। सभी लोगों को आर्थिक तथा सामाजिक विकास हेतु मित्रवत् व्यवहार व सहनशीलता रखनी होगी।

VDPA वर्णित करता है कि सभी मानवाधिकार महत्त्व में समान हैं, यह नागरिक, राजनीतिक और आर्थिक अधिकारों के बीच गुणात्मक विभाजन करता है, सामाजिक व सांस्कृतिक अधिकार जो कि शीतयुद्ध के समय उद्‌घोषित हुआ था।

भाग-1 के अनुच्छेद 5 में कहा गया है–सभी मानवाधिकार सर्वव्यापी, अविभाज्य और परस्पर आश्रित हैं। सभी अन्तर्राष्ट्रीय समुदायों को मानवाधिकार को दृढ़ करना होगा। जबकि सभी राष्ट्रीय और धार्मिक विचारों का जन्म मस्तिष्क में होता है, फिर भी यह राज्य का कर्तव्य है कि वह अपनी राजनीतिक, आर्थिक व सांस्कृतिक तरीकों पर ध्यान देते हुए मौलिक अधिकारों व मानवाधिकार को आगे बढ़ाएँ तथा उसकी रक्षा करें।

VDPA ने प्रत्यक्ष रूप से प्रजातंत्र, अन्तर्राष्ट्रीय विकास तथा मानवाधिकार व मौलिक स्वतंत्रता के बीच रेखा खींची है जो परस्पर रूप से एक दूसरे पर आश्रित हैं। प्रजातंत्र रूप से मानव की इच्छा पर आधारित है जिससे वे जीवन के प्रत्येक सांस्कृतिक, राजनीतिक, सामाजिक तथा आर्थिक पहलुओं में भाग ले सकें। अन्तर्राष्ट्रीय समुदायों को प्रजातंत्र को मजबूती प्रदान करने तथा बढ़ावा देना चाहिए जिससे सम्पूर्ण विश्व में उसका विस्तार हो सके।

VDPA ने गरीबी और मानवाधिकार की वास्तविकता का एक स्पष्ट जोड़ बनाया है। भाग-1 के अनुच्छेद 14 में कहा गया है–"सर्वत्र फैली हुई गरीबी की सत्ता कभी भी पूरे और प्रभावी मानवाधिकार को आनन्दमय नहीं होने देती है।" VDPA गरीबी को मानवाधिकार की हिंसा मानने को तैयार नहीं है, फिर भी भाग-1 के अनुच्छेद 25 में कहा गया है–"मानवाधिकार का विश्व सम्मेलन यह स्वीकार करता है कि अत्यधिक गरीबी और सामाजिक अवरोध मानवीय गरिमा के क्षेत्र में हिंसा का कारण बन जाते हैं इसलिए इसके बढ़ते कदम को रोकने के लिए हमें आवश्यक कदम उठाने होंगे, यह जानने के लिए कि गरीबी का आवश्यक कारण क्या होता है जिससे विकास अवरुद्ध हो जाता है। अतः सामाजिक विकास का आनन्द उठाने के लिए गरीबी और सामाजिक अवरोध को दूर करने के लिए हमें इसके कारणों को समझना आवश्यक है।"

विकास के अधिकार को कुछ विद्वानों द्वारा विवाद का विषय समझा गया है, संयुक्त राष्ट्र के भाग-1 के अनुच्छेद 10 में कहा गया है–"मानवाधिकार का विश्व सम्मेलन विकास के अधिकार को स्वीकार करता है जो सूची में स्थित है, एक

सर्वव्यापी और अविच्छेद्य तथा मानवाधिकार का अतिमहत्त्वपूर्ण भाग है, जैसा कि सूची में कहा गया–मानव विकास का केन्द्र है, जबकि विकास जीवन में सभी अधिकारों का आनन्द उठाने में मदद करता है। सभी राज्यों को आपस में एक-दूसरे के साथ सहयोग करना चाहिए जिससे विकास को बढ़ाया जाए एवं इसके मार्ग में आने वाले अवरोधों को रोका जा सके। सभी अन्तर्राष्ट्रीय समुदायों को एक प्रभावी सुधार लाना होगा जिससे विकास के अधिकार को गति प्राप्त हो सके व इसके अवरोधों को समाप्त किया जा सके।

विकास के अधिकार को गतिशील बनाने के लिए राष्ट्रीय स्तर पर पर्याप्त आर्थिक नीतियों तथा आर्थिक सम्बन्धों की आवश्यकता है एवं अन्तर्राष्ट्रीय स्तर पर सुदृढ़ आर्थिक वातावरण की। भाग-1 का अनुच्छेद 11 वर्णित करता है–विकास के अधिकार को वर्तमान तथा भविष्य की पीढ़ी की वातावरणीय आवश्यकता तथा विकास की दृष्टि से मान्य रखना होगा। मानवाधिकार पर हुए विश्व सम्मेलन में यह उद्घाटित किया गया कि अवैध रूप से सस्ते हानिकारक विषैले पदार्थ जिनसे मनुष्यों के जीवन तथा उनके स्वास्थ्य पर बुरा प्रभाव पड़ता हो, इसलिए विश्व सम्मेलन के उन सभी देशों को इन सभी विषैले तत्त्वों को जड़ से समाप्त कर मानव जीवन की रक्षा हेतु आगे आना होगा। प्रत्येक व्यक्ति को वैज्ञानिक प्रगति व उसके उत्पाद के उपभोग करने का अधिकार है। विश्व सम्मेलन जीव-विधा जीवन विज्ञान व तकनीकी सूचना की भी जानकारी प्रदान करता है, जिससे व्यक्ति को मानव अधिकार अन्तर्राष्ट्रीय सहयोग द्वारा इन सभी क्षेत्रों में सर्वव्यापी अभिरुचि की आवश्यकता है।

VDPA महिला घरेलू हिंसा तथा बालिका अधिकार के भाग-1 के अनुच्छेद में वर्णित करता है–"महिला तथा बालिका मानवाधिकार एक अभेद्य, अविभाज्य, सम्पूर्ण सर्वव्यापी अधिकार है।" महिला की राजनीतिक, आर्थिक, नागरिक, सामाजिक व सांस्कृतिक, धार्मिक, राष्ट्रीय व अन्तर्राष्ट्रीय स्तर पर भागीदारी तथा लैंगिक दृष्टि से कोई भी भेदभाव उनके लिए नहीं होना चाहिए।

अतः हम पाते हैं कि इस सम्मेलन में महिलाओं के अधिकारों पर विस्तृत चर्चा हुई है एवं पहली बार घरेलू हिंसा को मानवाधिकार के दायरे में लाने का एक महती प्रयोजन किया गया है।

अध्याय-6

महिला आयोग

मानवाधिकार आयोग–NHRC नेशनल ह्यूमन राइट्स कमीशन

प्रश्न : महिला आयोग के दायित्व क्या हैं?

उत्तर : आयोग की निम्नलिखित दायित्व निर्वाह करने की जिम्मेदारी है–

(a) आयोग एवं अन्य कानून के अन्तर्गत सारी समस्याएँ, महिलाओं से जुड़ी बातों की अच्छे से छानबीन तथा परीक्षण करना आवश्यक है।

(b) केन्द्र सरकार, वार्षिक या किसी और समय जो आयोग सही समझे, सुरक्षा तत्त्वों के बारे में जानकारी देना अनिवार्य है।

(c) उन सारी रिपोर्ट में अपने सुझाव देना ताकि उन नियमों का पालन सही ढंग से हो सके एवं केन्द्र तथा राज्य स्तर पर महिलाओं की सुरक्षा का ध्यान रखना चाहिए।

(d) समय-समय पर महिलाओं के लिए जो संविधान और अन्य कानून बनाए गए हैं उन्हें सुझाए हुए संशोधन पर ख्याल करके उनकी कमियों को दूर करने की कोशिश करनी चाहिए।

(e) संविधान में हिंसा के केस को लेने का विधान है और दूसरे कानून भी हैं जो अधिकारपूर्वक विनियोग के साथ औरतों से सम्बन्धित हैं।

(f) उसके वर्णित उद्‌देश्य जो सम्बन्धित हैं निम्नलिखित बातों से–

  (i) औरतों को सुरक्षा प्रदान करना, उनकी समानता और विकास जैसे मुद्‌दों को भी देखता है। यह कानून का अपरिपालन प्रदर्शित करता है।

  (ii) यह अस्वीकृति का नीति-निर्धारण, दिशा-निर्देश, शान्ति का उद्‌देश्य, विपत्ति, उन्नति की निश्चिन्तता और औरतों को राहत प्रदान करना।

(g) वैसी स्थिति, परिस्थिति, मुसीबत, औरतों के खिलाफ क्रूरता को उठाना, उनकी जाँच-परख करना जो वर्णन से बाहर हो तथा इसमें होनेवाली रुकावट को पहचानना इन सबसे निजात पाने के लिए उपायों को बताया गया है।

(h) प्रवर्तन और शैक्षणिक शोध को लें तो उसमें कुछ रास्तों को अपनाने की सलाह दी गई है, जो निश्चिन्तता दिलाता है कि सभी क्षेत्रों में औरत का प्रदर्शन दिखाता है और यह उन तथ्यों को भी पहचानता है जो उनकी उन्नति में बाधक हैं, ये हैं–घर की कमी, नौकरी, अपर्याप्त नौकरी और खराब स्वास्थ्य इत्यादि।

(i) औरतों के सामाजिक, आर्थिक विकास की प्रक्रिया की योजना की सलाह देना और भागीदारी देना।

(j) संघ और किसी राज्य की औरतों के विकास की उन्नति को मापना।

(k) निरीक्षण या निरीक्षण की वजह से औरतों को जेल, रिमांड होम, नारी संस्था या दूसरी जगहों पर उन्हें कैदी या दूसरे तरह से कैद में रखा जाता है और उनसे सम्बन्धित प्रभावशाली व्यक्ति उनकी समस्याओं के समाधान के लिए जहाँ जरूरी हो, प्रश्न करता है।

(l) औरतों का एक बड़ा तबका सम्बन्धित मुद्दों के विवाद में पैसों की वजह से प्रभावित होता है।

(m) औरतों से सम्बन्धित किसी भी मुद्दे पर सरकार रिपोर्ट तैयार करती है विशेषतः उन विभिन्न कठिनाइयों का जिससे औरतें गुजरती हैं।

(n) कोई दूसरी बात जो केन्द्र सरकार को सम्प्रेषित की जा सकती है।

प्रश्न : जब आयोग से एक रिपोर्ट प्राप्त हो तो केन्द्र सरकार को क्या करना चाहिए?

उत्तर : संसद के प्रत्येक सदन में स्मरण लेख प्रशंसा लेख के रूप में जो लिया जाता है उसके कार्य का वर्णन है या प्रस्तावित है। यदि सरकार आयोग की किसी भी संस्कृति पक्ष को लेने से इनकार करती है तो उसे उसका कारण देना जरूरी है।

प्रश्न : यदि वृत्तांत की विषयवस्तु राज्य सरकार से सम्बन्धित है तो क्या होता है?

उत्तर : राज्य सरकार से सम्बन्धित वृत्तांत की कॉपी आयोग को भेजनी चाहिए।

प्रश्न : आयोग की क्या शक्ति होती है जब यह किसी विषयवस्तु का अनुसंधान करता है?

उत्तर : जब किसी विषयवस्तु का अनुसंधान होता है, यह जन अदालत की शक्ति का अभ्यास करता है, प्रार्थना की कोशिश करता है विशेषता या निन्नलिखित उद्देश्यों पर–

(i) भारत के किसी भी भाग से किसी भी व्यक्ति को अदालत में उपस्थित होने के लिए सम्मन भेजा जाता है और यह कार्यान्वित होता है।

(ii) किसी भी दस्तावेज की खोज और उत्पादन की आवश्यकता होती है।

(iii) शपथ-पत्र में प्रमाण को स्वीकार करना।

(iv) किसी न्यायालय के दफ्तर से किसी जन रिकॉर्ड की माँग करना।

(v) गवाह और दस्तावेज की परीक्षा के लिए आयोग को संस्करण देना और

(vi) कोई दूसरा विषय जिसे निदेशित किया जा सकता है।

आयोग ने अपने अनुभव की दृष्टि के आधार पर औरतों से सम्बन्धित वाद-विवाद को न्यायालय के बाहर निपटाने के लिए उनकी शिकायतों को देखने और उनका आपसी तालमेल और बातचीत विभिन्न धर्मों के सामाजिक कार्यकताओं आदि की मदद से आयोग ने सम्बन्धित पार्टी की मदद के लिए मुकदमेबाजी के पहले की संस्था शुरू की।

यदि किसी भी तरह से दोनों पार्टी बातचीत या बातों से संतुष्ट नहीं होती है तब उन्हें गहरी कानूनी जानकारी के द्वारा उनके कानूनी अधिकार और बन्धन के लिए जागरण किया जाता है और यह बताया जाता है कि कितने तरह के उपाय उपलब्ध हैं।

आयोग का फरियाद सेल पूरे देश की दुःखी और सताई महिलाओं की शिकायतों को सुलझाता है।

यह सारी शिकायतें दहेज के लिए प्रताड़ना, दहेज की वजह से मृत्यु, सताना, पति और सास-ससुर के द्वारा क्रूर व्यवहार, परित्याग, द्विपत्नी, बलात्कार, पुलिस के

द्वारा प्राथमिकता दर्ज के बाद छोड़ देना, नौकरी का निर्णय, गलत तबादला, घरेलू हिंसा, शारीरिक शोषण और कार्यस्थल पर दूसरे तरह के शोषण से सम्बन्धित शिकायत होती है।

कुछ शिकायतें पुलिस संस्था से सम्बन्धित हैं। पुलिस विभाग के औरतों के सेल में अपराध के विरुद्ध अनुभवशून्यता, औरतों के खिलाफ क्रूरता के विभिन्न रूप से सम्बन्धित मामलों को इनके द्वारा निपटाया जाता है।

(3) शिकायतों को लिखित शिकायत के विभिन्न संवर्ग में NCW कानून-1990 के भाग 10(1) (e) और (f) में रखा जाता है और यह विभिन्न मुद्दों पर बातों को उठाता है। अधिकार का विनियोग कानून जिसमें बल प्रयोग संस्था कानून और पुलिस विभाग है। विशेष केस में आयोग कानून की धारा-10(1)4 के अन्तर्गत शिकायतों की जाँच-परख करता है, यह समान कार्य के लिए सम्मन दे सकता है और जिसने शिकायत दर्ज की उसकी जगह पर उपस्थित हो सकता है। यह शिकायतों के आरोप की गहरी छानबीन के लिए किया जाता है।

अध्याय-7

सती प्रथा—दुर्भाग्य या सौभाग्य

बर्बरता और हैवानियत भारतीय समाज की नियति है। दोयम दर्जे की बात तो सदियों में मानो सत्यापित हो ही चुकी है पर उससे भी अधिक दुःखदायी है कि औरत के प्रति पुरुष का दृष्टिकोण जो हमेशा आक्रामक रहता है और ऐसा वहशी अगर उसको मार भी डालता तो समाज की रूह काँपती तक नहीं है। महिला थर्रा जाती है और दूर कहीं अँधेरे कोने में वह मुँह पर रूमाल रखे सिसकियाँ ले रही होती है। उसकी सिसकी भी समय के साथ सूख जाती है, कहीं कोई हलचल नहीं, कोई उत्तेजना नहीं, कोई गदर नहीं, कोई क्रान्ति नहीं।

औरत रोते-रोते मर जाती है, मार डाली जाती है और सफेद साया-सा कफन, जो उसकी खामोश जिन्दगी का साथी था, उसके बदन पर चढ़ जाता है। और एक कहानी यूँ ही मानो पसर जाती है। क्योंकि मरने वाली एक औरत थी जिसको समाज ने जन्म से कफन ही पहनाया हुआ था।

हमारे देश में औरतों की स्थिति बहुत दयनीय है, इसमें कोई दो राय नहीं है। शक की कोई गुंजाइश भी नहीं और शायद यह चर्चा का विषय होना भी नहीं चाहिए क्योंकि महिलाएँ अपनी स्थिति से समझौता कर चुकी हैं। उन्हें अपने ऊपर हो रहे अत्याचार, तकलीफ का अहसास या दर्द ही नहीं होता है क्योंकि बचपन से उन्हें अपने कष्टों को सहने की आदत डाल दी जाती है। उनका घाव कभी रिसता ही नहीं है। वह अन्दर-अन्दर सूख जाता है और कभी अगर फैला तो जहर बनकर शरीर को सड़ा देता है, गला देता है और कभी-कभी वह चुपचाप मौत को आत्मसात् कर लेती है क्योंकि औरत के लिए मौत जिन्दगी से ज्यादा कठिन है।

स्त्रीत्व से ज्यादा मायने सतीत्व के हैं और एक जीती-जागती महिला सदियों से अपने पति की चिता पर सती हो जाती है। और अगर वह सती नहीं होती है तो उसकी भावनाएँ, धर्म, पुण्य और स्त्रीत्व पति के साथ जलकर स्वाहा हो जाता है।

वह सधवा से एक दुष्टात्मा में तब्दील हो जाती है। एक ऐसी हस्ती जिसकी भूमिका सहसा नगण्य हो जाती है। उसकी स्थिति इतनी दयनीय हो जाती है कि

उसको लोग जब चाहें तब अपमानित और प्रताड़ित कर सकते हैं। पति की मृत्यु के बाद जैसे समाज को उसको अपमानित करने का लाइसेंस मिल जाता है। हर खुशी के मौके पर समाज में उसकी उपस्थिति नगण्य हो जाती है और वह बिना गलती के कलंक के साए में जीने पर मजबूर हो जाती है, इससे बेहतर है कि वह पति संग जल मरे।

सदियों से भारतीय समाज में ऐसा ही होता आया है कि औरत को बेजुबान पशु से भी बदतर जीवन जीने के लिए मजबूर होना पड़ता है और उससे भी अधिक बदतर जब उसके पति का देहान्त हो जाता है।

वह पशु-सी जड़ हो जाती है और उससे भी अधिक दुःखद यह है कि उसको पूरा समाज, पूरा परिवार और यहाँ तक कि उसके अपने माता-पिता भी उसको वैधव्य का जीवन जीने पर मजबूर करते हैं।

वैधव्य का सीधा-सीधा अर्थ है—सम्पूर्ण श्रृंगार का अभाव, एक रंगहीन जीवन और उससे भी बढ़कर कठोर तप।

क्या इसका कोई भी औचित्य है या था? दुःख को सहना, रंगों को जीवन से गायब कर उसके दुर्भाग्य को बर्बरता की पराकाष्ठा तक पहुँचाना क्या सभ्य समाज की देन है?

कल्पना कीजिए कि विधवा का मुंडन कर, उसको सफेद लिबास पहनाकर और अपशकुनी करार देकर हमारा समाज क्या साबित करना चाहता था? बाल उतरवा देने, उसको साध्वी का जीवन जीने के लिए मजबूर करना अगर पशुता नहीं है तो क्या है? और उससे भी अगर थोड़ा पीछे निगाह डालें तो एक विधवा को आग के हवाले कर ढोल-मजीरे का जश्न मनाया जाता था। जिस समाज में पशु बलि भी हिंसा है वहाँ मानव बलि क्योंकर स्वीकार्य है और स्वीकृति देने के पीछे समाज की यह कैसी मंशा है इसकी कल्पना तो आसानी से की जा सकती है।

अगर समाज ने यह नियम बनाया है कि विधवा को मार डालना है और अगर वह जिन्दा नहीं जलती तो उसको जीने के अधिकार से ही वंचित कर देता है तो इसके पीछे समाज और धर्मगुरुओं की सोची-समझी रणनीति है। और जब भी रणनीतियाँ बनती हैं तो उसके पीछे सम्पत्ति, स्वसत्ता और शासन के लिए युद्ध होते हैं और मजे की बात यह है कि विधवा के सन्दर्भ में यह तीनों ही सही और सटीक बैठते हैं। समाज इनसान के खोने के दुःख से उतना दुःखी नहीं है जितना हैवानियत को अख्तियार करके सुखी होता है।

बहुत दुःख की बात है कि बुद्ध और महावीर के देश में महिला के ऊपर क्रूरता करके पुरुष समाज किंचित् मात्र भी नहीं थर्राता और ऐसा इसलिए है कि भारतीय समाज की कोई रूह है ही नहीं। एक रीढ़विहीन समाज की अगर कल्पना करनी है

तो हम भारतीय उसमें सबसे आगे हैं जिनका कोई कानून, कोई मानवता का फंडा ही नहीं है।

हमारे देश में वैदिक काल के बाद से धीरे-धीरे औरतों की स्थिति में पतन होता गया। हमारे देश में सती की व्याख्या गुप्तकाल या उसके आस-पास मिलती है। सबसे प्राचीन ग्रन्थों में सती का महिमा मंडन यदा-कदा ही दृष्टिगोचर होता है क्योंकि स्त्री का उस समय समाज में इतना पतन नहीं हुआ था। गुप्तकाल के पहले के अवशेषों में स्त्री के शोषण का जिक्र नहीं आता है।

सबसे प्राचीन आलेख जो सती का वर्णन और महिमा मंडन करता है, वह देवी सती के विषय में है जिन्होंने अपने पति शिव का अपने पिता दक्ष के द्वारा अपमान देखकर अपने को अग्नि में प्रवेश कर क्रोध और अपमान का बदला लिया था। यह घटना सर्वप्रथम भारतीय समाज में पुरुष के आधिपत्य और स्त्री के समर्पण की पौराणिक गाथा है जिसको यदा-कदा महिमा मंडित कर यह दर्शाने की कोशिश की जाती है कि महिला को वैसे ही अपने पति के प्रति समर्पित रहना चाहिए जैसे देवी सती रही थी।

यहाँ एक बात गौरतलब है कि सती और शिव के परिणय में हम लोग या हमारे धर्मावलम्बी कहीं से भी सती के प्रेम और प्रेम विवाह को चित्रित करते नजर नहीं आते हैं। सती ने पिता की इच्छा के विरुद्ध जाकर शिव का वरण किया था पर हमारा धार्मिक साहित्य उसको चित्रित न करके सिर्फ सती का अग्नि में प्रवेश करके अपने पति के अपमान को ही केन्द्रित करता है। इस पूरी पौराणिक घटना को हमारे धार्मिक नेताओं ने अपने हिसाब से व्याख्यायित किया है और निष्कर्ष निकाले हैं और समाज को उसी तरफ केन्द्रित किया है।

अतः उस युग की लव स्टोरी को अपना एंगल देकर पुरुष-प्रधान बनाने के पुरजोर और सफल प्रयास किए गए हैं और हमारे नेता सफल भी रहे हैं।

पर सती प्रथा के लिए प्रचलित मिथ्या धारणा यह है कि देवी सती अपनी इच्छा से अग्नि में कूदकर सती हो जाती है, जबकि वह विधवा नहीं थी और इस तरह यह अवधारणा एक विवाहित स्त्री के सती होने की बात के तर्क की पुष्टि करती है। पर अफसोस हमारे बाद के पुरुषों में सती प्रथा प्रशंसनीय कदम माना जाता है।

गरुड़ पुराण कहता है कि एक पत्नी जो पति के साथ ही मृत्यु को प्राप्त करती है, वह स्वर्ग की भागी होती है और उसे पति का साथ तब तक मिलता है जब तक उस व्यक्ति के शरीर में बाल मौजूद हो।

पर अफसोस हमारे पुराण यह बता पाने में पूर्णतः असफल हैं कि पति को इन्हीं कारणों से क्यों नहीं पत्नी की मृत्यु के बाद आत्मदाह कर लेना चाहिए क्योंकि जन्मों-जन्मों का रिश्ता तो दोनों से बनता है, न कि एक से। पति के जीवनकाल में

अगर दो-तीन पत्नियाँ गुजर जाएँ तो कितनों के साथ वह जन्म-जन्म का रिश्ता बनाएगा।

जीवन के सामाजिक पक्षों को तर्क पर आधारित होना चाहिए, न कि धर्म की संकीर्ण व्याख्याओं पर। जब हम तर्क की बात करते हैं तो मानवीय भावनाओं को प्रधानता देनी चाहिए क्योंकि धर्म का अर्थ ईश्वर है न कि मानवीय मूल्यों का ह्रास और ईश्वर मानव द्वारा निर्मित एक शक्ति जिसको किसी ने देखा नहीं है। धर्म मानवता में निहित होना चाहिए।

जोधपुर के महाराजाओं की पत्नियों की समाधि, जो सती हो गईं, उनकी हथेलियों के छाप विचित्र प्रकार के हैं। प्रत्येक घटना के बाद इसका विरोध हुआ। इसके विरोध में विभिन्न नए उपायों (कानून) को पारित किया गया। सती विरोधी कानून, जो प्रभावी है, ने गवाहों के लिए सती को गैर-कानूनी घोषित किया है। कानून कोई अन्तर नहीं करता है। निष्क्रिय दर्शक एवं घटना को बढ़ावा देने वालों के बीच सभी दंडनीय है।

दूसरे उपायों में शामिल है–मृत महिला के महिमा मंडन को रोकना। मृत की समाधि उनका महिमा मंडन है। चिता (जलने के लिए सजी लड़की) स्थान के दर्शनार्थी को रोकना एवं ऐसे उपायों से हुई आमदनी को रोकना।

दूसरा उदाहरण है–1973 की योजनाबद्ध सती जब सावित्री सोनी ने राजस्थान के सीकर जिले के कोट दी बाँव में अपने जीवन का त्याग किया। हजारों लोगों ने इस घटना को देखा पर कहीं से भी विरोध के स्वर नहीं उभरे।

रूपकुँवर के सती होने के बाद विरोध हुआ। भारत सरकार ने राजस्थान में सती प्रथा विरोधी कानून 1987 अक्टूबर में लागू किया और बाद में सती कानून आयोग 1987 पारित हुआ।

सती प्रथा विरोधी कानून–उकसाना, सती का महिमा मंडन गैर-कानूनी है। सती के लिए किसी पर दबाव डालना, ऐसे व्यक्ति दंडित किए जाएँगे। मृत्युदंड या आजीवन कारावास के द्वारा जबकि महिमामंडन दंडनीय है (1 से 7 साल तक कैद)।

जबकि रोक के ऐसे उपाय हमेशा प्रभावी नहीं होते हैं। राष्ट्रीय महिला परिषद (N.C.W) ने इस कानून की कमियों को दूर करने के उपाय सुझाए हैं। इस प्रथा पर रोक जैसे कि प्राचीन स्मारक की पूजा विवादित विषय है।

जबकि बहुत से लोगों ने सती प्रथा को रोकने का प्रयास किया इस पर रोक लगाकर और इसमें विरुद्ध कानूनों को पुनः लागू करने के बाद भी हम लोग भारत के बहुत सारे हिस्सों में सती प्रथा को देखते हैं, दबाव में जलना या जबरदस्ती जलना। जबकि साह के सम्बन्ध में मानसाह की 55 वर्षीय विधवा ने उत्तर प्रदेश के गाँव में

पति की चिता पर अपना शरीर को त्याग दिया (जली)। पति की चिता पर प्राप्त मृत्यु बहुत सारे विवादों से घिरी है। ऐसे प्रश्न किए जा रहे हैं कि वह स्वेच्छा से सती हुई या नहीं। अगर वह स्वेच्छा से भी सती हुई तो भी अपने जीवन का परित्याग (आत्महत्या) भारतीय दंड संहिता के तहत दंडनीय अपराध है। आत्महत्या करना या उसको बढ़ावा देना दोनों ही कानून की परिधि के अन्तर्गत आते हैं।

चरनसाह ने परिवार के किसी सदस्य के सती होने की भावनाओं को स्वीकार नहीं किया। किसी ने नजदीक से नहीं देखा कि पति के जलने से पहले वह चिता में कूद गई। गाँव वाले, उसके पुत्रों आदि ने कहा—वह अपनी इच्छा से सती हुई, उन पर दबाब नहीं डाला गया। वे लोग साह के घर को आदर देते हैं जबकि उन लोगों के लिए यह धर्म है। वे लोग विश्वास करते हैं कि एक सती देवी हो गई और वे पूजित होती हैं पैसा चढ़ाकर, उपहार सहित।

चरनसाह तो एक उदाहरण है, अभी भी भारत के शहरों एवं गाँवों में सती होने की घटनाएँ हो रही हैं। सती का अर्थ भाषा के हिसाब से है।

सती : सत् 'सत्य' का स्त्रीलिंग सती भी Sati कहलाता है।

हिन्दू समुदायों में एक ऐसी दफन होने की प्रक्रिया है जिसमें हाल ही की विधवा औरत या तो अपनी स्वेच्छा से या जबरदस्ती अपने पति की चिता पर खुद को कुर्बान करती है।

भारत में आज यह प्रक्रिया दुर्लभ और गैर-कानूनी है।

इस शब्द की उत्पत्ति देवी सती के वास्तविक नाम से हुई है, जो दक्षयानी के नाम से भी जानी जाती है, जिसने खुद की कुर्बानी दे दी क्योंकि वह अपने पिता दक्ष द्वारा अपने पति का अपमान नहीं सह पाई।

सती शब्द कभी-कभी औरत के रूप में प्रतिपादित अर्थात् प्रस्तुत किया गया है।

भारत में सती शब्द का वर्णन एक हिन्दू रिवाज के रूप में किया गया है, जिसमें विधवा अपने पति की चिता पर जलती थी। सामान्यतया सती की परम्परा को हिन्दू एक्ट में स्वैच्छिक माना गया है जिसमें पत्नी स्वेच्छा से अपने पति की मृत्य के बाद अपने जीवन को समाप्त करने का निर्णय लेती है। लेकिन बहुत सारी ऐसी घटनाएँ थीं जिसमें स्त्री को उनकी इच्छा के विरुद्ध यह कार्य करने के लिए बाध्य किया जाता है और अधिकतर उन्हें घसीटकर जलती चिता में डाल दिया जाता है। यद्यपि सती को हिन्दू रिवाज में से एक माना जाता है। जो औरत हिन्दू धर्म में सती के रूप में जानी जाती है, उसने अपने पति के चिता पर अपना आत्महत्या नहीं किया। पहली महिला जो सती मानी जाती थी वो भगवान शिव की पत्नी थीं। उन्होंने अपने पिता का विरोध किया जिन्होंने उनके पति भगवान शिव को अपमानित किया और इस विरोध में उन्होंने आत्मदाह किया। आत्मदाह करते हुए उन्होंने भगवान से दुबारा

भगवान शिव के पत्नी के रूप जन्म लेने की इच्छा जाहिर की और वो एक नए रूप में आईं और उनका नाम पार्वती पड़ा।

एक और मशहूर महिला जो कि हिन्दू धर्म में सती के लिए जानी जाती है, वो है सावित्री। जब सावित्री के पति सत्यवान की मृत्यु हो गई और यमराज मृत की आत्मा लेने वहाँ पहुँचे, तब सावित्री ने उनसे सत्यवान के जीवन की भीख माँगी और उनकी जगह पर अपना जीवन कुर्बान करने के लिए बोली, जो कि असंभव था। तब सावित्री ने यम का बड़ी दूर तक पीछा किया। यम ने पाया कि सावित्री धीरे-धीरे अपनी शक्ति खोती जा रही है, परन्तु वह निरन्तर उसका और अपने मृत पति का पीछा कर रही है। तब यम ने सावित्री को एक वरदान माँगने को कहा बस अपने पति के जीवन को छोड़कर। सावित्री ने सत्यवान से एक सन्तान की इच्छा प्रकट की। सावित्री के वरदान को पूर्ण करने के लिए यम को सत्यवान के जीवित करने के सिवाए कोई उपाय नहीं था। इस तरह सावित्री ने अपने पति सत्यवान को फिर से पा लिया।

वे दोनों औरतें तथा कई और औरतें हिन्दू पौराणिक कथा समूह में जो अपनी पूरी शक्ति तथा परिश्रम अपने पति के लिए लगाती हैं विशिष्ट समानता से एक सच्ची हिन्दुस्तानी पत्नी हैं जो कि सब कुछ अपने पति के लिए करने को तैयार हैं। उन सभी को सती का नाम देना पड़ा। सती का अर्थ धार्मिक अर्थात् पवित्र है। परन्तु जैसे कि पहले लिखा है कि महिला, जिसका नाम सती है, उसने हिन्दू धार्मिक साहित्य में अपने पति की चिता पर आत्महत्या नहीं की थी। इसलिए यह विधवा को जलाने, अपने मृत पति की चिता पर, का रिवाज धार्मिक आधार से नहीं उभरा है बल्कि सामाजिक आधार से उभरा है।

सती के उद्गम को लेकर विभिन्न सिद्धान्त हैं। एक सिद्धान्त कहता है कि पत्नी को अपने पति को जहर देकर मारने और अपने असली प्यार करने वाले से दोबारा शादी करने से रोकने के लिए सती को प्रस्तुत किया गया था। एक सिद्धान्त कहता है सती प्रथा की शुरुआत एक ईर्ष्यालु रानी से हुई जिसने सुना कि मृत राजा का स्वागत स्वर्ग में सबसे सुन्दर महिला द्वारा होता है जिनका नाम अप्सरा था। इस कारण जब उसका पति मरा, उसने अपनी इच्छा प्रकट की उसकी इच्छा है कि उसे भी अपने मृत पति के साथ जलाया जाए ताकि वह स्वर्ग में अपने पति के साथ पहुँचे और उन अप्सराओं को उसके पति का संगी या साथी बनने से रोक सके। कई और भी सिद्धान्त हैं जो कि सती का उद्गम से जुड़े हैं।

यद्यपि सती को हिन्दू रिवाजों में गिना जाता है, परन्तु यह पूरे भारत में प्रचलित नहीं था। बस कुछ गिने-चुने समूहों में होता है। वहीं विधवा का अपने मृत पति की चिता पर बलिदान होना सिर्फ भारत में ही अनोखा नहीं

है। कई अनेक देशों में भी इसे अपनाया जा चुका था, जैसे–मिस्र, ग्रीक आदि। इन देशों में यह रिवाज था कि उन मरे हुए राजाओं के साथ उनकी पत्नी, नौकर अर्थात कई और सामग्री भी डाली जाती थी। इसलिए कि वो उसके अगले जीवन में भी साथ दें। एक और सिद्धान्त कहता है कि सती को भारत में स्कार्थियों द्वारा लाया गया था। जब वे भारत में आए तब उन्होंने भारत की अन्त्येष्टि क्रिया को अपनाया। इसलिए बजाय राजाओं को गाड़ने वे उन्हें अपने जीवित प्यार करने वाले साथी के साथ जलाने लगे। वे लोग योद्धा थे और उन्हें हिन्दू धर्म में लड़ाकू जनों का वजूद मिला। कई राजपूत शासन को भी माना जाता है कि वो स्काशितों से उत्पन्न हुए हैं। बाद में जब कई और जातियों ने लड़ाकू होने का दावा किया, उन्होंने भी इस रिवाज को अपना लिया।

यह रिवाज योद्धा दलों में उत्तर भारत में मुख्य रूप से राजस्थान में और पूर्व भारत में भी था। राजस्थान के राजपूत आत्म बलिदान को ज्यादा महत्त्व देते थे। उनकी पत्नी तथा महिला बिना विवाह के भी आत्महत्या करती थी जब उन्हें पता चलता उनके पति की युद्ध के मैदान में मृत्यु हो गई। भारत के अन्य हिस्सों में यह प्रचलन बहुत कम है।

कुछ भारतीय शासकों ने इस पर प्रतिबन्ध लगाया। मुगल शासन ने भी इस पर प्रतिबन्ध लगाना चाहा। अंग्रेजों ने भारतीय सुधारक जैसे राजा राममोहन राय के साथ इस रिवाज पर सन् 1829 में प्रतिबन्ध लगाया।

अभी तक इस हादसे का अनुमान ही लगाया जा सका है। परन्तु निश्चित रूप से कोई नहीं जानता, बावजूद इस प्रतिबन्ध के यह प्रचलन पूरी तरह नहीं समाप्त हुआ था। इसमें दस वर्ष लगे। सन् 1987 में 18 वर्ष की एक विधवा ने राजस्थान के एक गाँव में सती होने के कार्य को अंजाम दिया। इसमें उसे अपने परिवार जनों का आशीर्वाद मिला। गाँव वालों ने इस प्रयोजन में हिस्सा लिया अर्थात उस स्त्री के इस कार्य को प्रेरित किया। अक्टूबर में सन् 1999 में एक महिला मूर्च्छित रूप से अपने पति की चिता पर कूद पड़ी और लोगों को अचम्भित कर दिया। परन्तु इस हादसे को सती न घोषित कर आत्महत्या करार दिया गया क्योंकि उस स्त्री को यह कार्य करने को न तो किसी ने जबरदस्ती की, न तो बढ़ावा दिया।

भारत के विभिन्न समूहों में सती प्रथा को कई तरह से अंजाम दिया जाता था। इन समूहों में जहाँ एक मर्द एक स्त्री से विवाह करता है और वह स्त्री अपना जीवन उसकी चिता पर समाप्त करती है। परन्तु इन दलों में सभी महिलाएँ ऐसा नहीं करती थीं। जो स्त्री जो सती होती थी उसे बड़ा सम्मान दिया जाता था और उसके परिवार वालों को इज्जत भी दी जाती थी। ऐसा माना जाता था कि जो महिला सती को अंजाम देती थी वह अपने परिवार की अगली सात पीढ़ी तक

आशीर्वाद देती रहेगी। कई मंदिरों तथा धार्मिक स्थलों का निर्माण उस सती के सम्मान में किया जाता था।

जहाँ राजा महाराजा एक से ज्यादा शादी करते थे, उस स्थिति में कोई एक ही पत्नी राजा द्वारा चुनी गई पत्नी हुआ करती थी। वह एक तरह का सम्मान उस चुनी हुई औरत के लिए था और जो एक तरह की बदनसीबी थी। इन चुनी गई महिलाओं को या कई और दलों में कुछ या सारी पत्नी और महिलाओं को बलिदान देना पड़ता था। कई और स्थितियों में पुरुष नौकरों को भी अपने राजा के साथ अपने आपको अर्पित करना पड़ता था। पत्नी और नौकर राजा की अमानत हैं, यह उस सिद्धान्त को अधिक प्रबल बनाता है कि सती प्रथा का प्रादुर्भाव भारत में स्कार्थियों द्वारा हुआ था।

बहुत ही कम स्थिति में एक माँ सती का अंजाम अपने पुत्र की चिता पर देती है और शायद कभी पति अपनी पत्नी की चिता पर सती को अंजाम देता है।

रूपकुँवर का शरीर जल रहा था। वह मर गई या मार डाली गई, अर्थात् उसकी हत्या हुई या उसने आत्महत्या की, यह जान पाना बहुत ही कठिन है।

पर अगर उसकी हत्या हुई तो यह बात किसी भी पढ़े-लिखे सभ्य समाज के लिए निन्दनीय है कि एक जीती-जागती महिला महज चन्द मिनटों में आग में धधक कर भस्म बन जाती है और उसका जिस्म और मन आग की चिन्दी में चिनगारियों के बीच धू-धूकर जल जाता है और भीड़ तमाशबीन बनी इस पूरे प्रकरण की मूक गवाह बनी रहती है। यह भीड़ हमारा समाज है, हमारी सभ्यता है, हमारी संस्कृति है जो औरतों के ऊपर हो रहे अत्याचार को रीति-रिवाज का मनहूस नकाब पहनाकर स्वीकारोक्ति दे देता है।

हत्या से भी शर्मसार कर देनेवाली घटना आत्महत्या है क्योंकि यहीं से औरत की चेतना का पतन होता है और उसके वजूद का हनन।

क्या कारण है कि एक औरत अपने पति की मृत्यु के बाद वैधव्य से बेहतर (श्रेयस्कर) मृत्यु को मानती है। इसका मतलब है कि विधवा को जीते जी तिल-तिलकर मरना है तो वह सोचती है कि एक बार मर जाना खुशनसीबी है। क्यों वह जीवन जैसी अमूल्य धरोहर को मिनटों में स्वाहा कर देती है।

इसके पीछे समाज और उसके परिवार की यह मानसिकता है कि उसको सम्पत्ति और सुख से वंचित रखने के लिए कोई ऐसा प्रहार नहीं छोड़ना चाहिए जिससे वह पति की मृत्यु के बाद आजादी और सुरक्षा का एहसास कर सके।

उसको इतना प्रताड़ित करो कि वह यह महसूस ही नहीं कर पाए कि उसकी भी जिन्दगी है। मनहूसियत के लिबास में उसको ओढ़ा के दफना दो तो सारी समस्या का निदान अपने आप हो जाएगा। यहाँ समस्या से तात्पर्य सम्पत्ति के

आदान-प्रदान से है और सती के मुद्दे को उठाने के पीछे यही कारण है कि इससे हमारी स्त्री के वैधव्य और अधिकार जुड़े हैं। एक औरत ताउम्र अपने पति का कल्याण ही मनाती रहती है क्योंकि वह जानती है कि उसके बाद उसका कोई भी जीवन नहीं है, न ही जीने की ख्वाहिश क्योंकि सब कुछ को पति के साथ जोड़कर देखा जाता है।

हमारे भारतीय संविधान में वर्ष 1987 में एक एक्ट पारित किया गया जिसका नाम कमीशन ऑफ सती एक्ट (प्रिवेंशन) 1987 है।

यह एक्ट सती से जुड़े तमाम कानूनी दाँव पेंचों को मद्‌देनजर बनाया गया है। यह सती और उसके महिमा मंडन पर कुठाराघात करता है।

सती या फिर जलाना या विधवाओं को जिन्दा दफनाना मानव स्वभाव के विपरीत कार्य है और भारत के किसी भी धार्मिक ग्रन्थ में इसको मान्यता नहीं मिली हुई है। यह मानव के जीवन जीने के मौलिक अधिकार का सीधे-सीधे हनन है।

यह कानून हमारे संविधान के बनने के 38वें साल बाद आया था।

इस एक्ट की सीमा सम्पूर्ण भारत खंड है सिवाय जम्मू-कश्मीर के स्टेट को छोड़कर।

यह एक्ट सती के महिमा मंडन को पूर्णतः समाप्त करता है। चाहे इस एक्ट के आने के पहले सती हुआ हो या बाद में।

यह एक्ट सती से जुड़े किसी भी संस्कार या फिर जुलूस की सर्वथा मनाही करता है।

सती का किसी भी प्रकार से विस्तार, उसको सत्यापित करना या फिर उसको आगे बढ़ाने के लिए मना करता है।

किसी भी प्रकार का समारोह जिसने उस व्यक्ति का महिमा मंडन हो जिसमें सती प्रथा को आत्मसात् किया है।

किसी भी प्रकार का ट्रस्ट या सती के नाम पर चंदा वसूलना या मंदिर का निर्माण या किसी और प्रकार के भवन का निर्माण या किसी भी प्रकार की पूजा या आयोजन जो सती प्रथा को आगे बढ़ाते हैं, उसको सम्मान देते हैं या उस व्यक्ति की यादों को सँजोकर रखते हैं जिसने सती प्रथा को आत्मसात् किया सर्वथा गलत है और दंड के अधिकारी हैं। सती का अर्थ जिन्दा 'जलाना' या दफनाया जाना है।

अगर कोई भी विधवा अपने मृत पति या किसी रिश्तेदार या किसी वस्तु या सामान के साथ, जो उसके पति या रिश्तेदार की है, के साथ जल जाती है या जिन्दा दफन हो जाती है तो सती कहलाती है।

चाहे यह जलना कितना भी स्वैच्छिक क्यों न हो, गलत है।

I.P.C. की धारा (45 of 1860) में भी कोई शब्द या Expression है जिसका

शब्दार्थ इस एक्ट से मिलता-जुलता है।

जो भी व्यक्ति सती होने को उत्तेजित करता है उसे एक वर्ष की सजा या जुर्माना या दोनों होगा। फिर भी स्पेशल कोर्ट को यह अधिकार है कि वह देखे जो सती होने के लिए जाए उसकी मानसिक स्थिति कैसी थी और उसे कितना प्रेरित या उत्साहित किया गया था या नशे की स्थिति में उससे यह कार्य कराया जा रहा था।

और I.P.C. (45 of 1860) की धारा के तहत अगर कोई व्यक्ति सती होने के लिए प्रेरित करता है तो उसको मृत्युदंड या आजीवन कारावास और आर्थिक दंड भी भरना होगा।

अगर कोई व्यक्ति सती होना चाहता है और दूसरा व्यक्ति इसके लिए उसे प्रेरित करता है तो उसे आजीवन कारावास और आर्थिक दंड दोनों देय होगा।

Abetment (प्रोत्साहित करना) का अर्थ होगा–

(i) अगर कोई विधवा या औरत को जिन्दा जलने या दफन होने के लिए उकसाए, चाहे वह सही मानसिक स्थिति में हो या दवा के असर में या विकृत मानसिक स्थिति में जिससे वह स्वेच्छा से ऐसा करती है।

(ii) अगर कोई व्यक्ति विधवा को यह विश्वास दिलाता है कि सती होने से उसे धार्मिक और ईश्वरीय लाभ मिलेगा या परिवार को कृपा मिलेगी।

(iii) विधवा के सती होने के इरादे को दृढ़ संकल्पित करता है।

(iv) किसी भी जुलूस में जाता है जहाँ सती होने की इच्छा से कोई विधवा जा रही है और उसे पति के मृत शरीर के साथ जबरन या स्वेच्छा से ले जाया जा रहा है।

(v) वहाँ मौजूद रहता है जहाँ सती कार्यक्रम हो रहा है।

(vi) अगर विधवा के जल मरने या दफनाए जाने से बचने की प्रक्रिया को रोकता है।

(vii) पुलिस के कार्य को बाधित करता है।

अगर कहीं भी सती का महिमा मंडन होता है तो उस व्यक्ति को जो इसे अंजाम देता है उसकी सजा एक वर्ष से सात वर्ष है और जुर्माना पाँच हजार से तीस हजार तक होगा।

जिला कलक्टर को यह अधिकार है कि वह अपने इलाके में हो रहे सती के कुकर्म को रोके।

सती का ट्रायल स्पेशल कोर्ट में होगा। इस एक्ट के तहत अपने बचाव की जिम्मेदारी उस व्यक्ति पर होगी जिसे बुलाया गया है और जिसके ऊपर इलजाम है।

अतः हम देखते हैं कि सरकार भी स्वीकार करती है कि हमारे देश में विधवाओं की मानसिक, शारीरिक और आर्थिक स्थिति अत्यंत दयनीय है और विधवा महिलाओं को मजबूर और प्रेरित किया जाता है कि पति के देहान्त के बाद वह वृन्दावन, बनारस या किसी अन्य धार्मिक स्थल पर भिखारी की स्थिति जीने को बाध्य हों।

जहाँ तक हो सकता है हमारा समाज उसने जीने का अधिकार छीन लेता है और अगर वह उससे संभव नहीं होता तो फिर उसे इतना मानसिक आघात पहुँचाता है कि वह जिन्दा लाश बन जाए जो कफन में लिपटी सी नजर आए।

एक विधवा ने जो खो दिया शायद वह इतना काफी नहीं कि उसे आगे और मानसिक आघात पहुँचाया जाए।

इसलिए हमारे देश में महिलाएँ ताउम्र अपने से जुड़े पुरुष की लम्बी आयु की कामना करती हैं क्योंकि पुरुष की आयु से ही उनका सुख-चैन और समृद्धि संभव है। सती का प्रचीन इतिहास है–

गुप्तकाल के पत्थरों की नक्काशी पर सती प्रथा दर्शाई गई है। उसके बाद मध्य प्रदेश के सागर में भी सती प्रथा का विवरण मिलता है। उसके बाद ये काफी संख्या में राजस्थान में पाई गई। सती हुई औरत को भित्तिचित्र में दर्शाया जाता था और उसकी पूजा की जाती थी। यह प्रथा उस समय पश्चिम भारत में बहुत प्रचलित थी। यह दसवीं शताब्दी से उन्नीसवीं शताब्दी तक नीचे स्तर पर फैली हुई थी।

कुछ ऐतिहासिक विवरण जैसे महाभारत और अन्य किताबों से प्रेरित होकर अपनी इच्छा से आदमी और औरत आत्म-बलिदान के लिए तैयार हो जाते थे। इस तरह यह किताबों से हकीकत में बदलता गया। आत्म-बलिदान और बलिदान को महाभारत में कहीं भी जगह नहीं दी गई है। जैसे कि राजसूय यज्ञ को स्थान मिला है महाभारत में। महिलाएँ आत्म-बलिदान अपने प्रेमी या पति की मृत्यु के बाद ही करती थीं।

इतिहास के पूर्वकाल में भी इस विधि सम्बन्धी संस्कृति प्रचलित थी। जैसे कि Ibn Fadlan ने Rus में बताया है कि महिलाएँ अपने स्वामियों के साथ जल जाती थीं। ग्रीक इतिहासकार Aristobulus of Cassandeia जो कि सिकंदर के शासन काल में आया था उसने भी तक्षशिला में सती प्रथा की बात कही थी। इससे पहले 316 ई.पू. में सैनिक की मृत्यु पर उसकी दो पत्नियाँ उसकी चिता पर जल गई थीं। ग्रीक इतिहासकार की मानें तो ये प्रथा पत्नी को अपने पति को जहर नहीं देने के लिए प्रचलित थी।

अंत्येष्टि क्रिया पर इच्छापूर्वक जलने की प्रथा उत्तर भाग में गुप्तकाल के पहले से शुरू हुई जिसे अनुमरण (Anumarana) कहा जाता था। यह प्रथा सती

प्रथा से भिन्न थी, इसमें विधवा ही नहीं मृत व्यक्ति का कोई भी रिश्तेदार उसकी चिता के साथ आत्मदाह करता था। यह प्रथा जापान की Seppuku प्रथा से मिलती-जुलती है।

Act of 1987 Part-I, Section 2 (c) ने सती की व्याख्या की है–गाड़ना या जलाना किसी जीव को–

1. कोई भी विधवा अपने मृत पति के शरीर, सामान और उससे सम्बन्धित चीज,
2. कोई भी औरत अपने पति के साथ जलती या उसे गाड़ा जाता है तो ये उसकी इच्छा से की जाती है।

सती प्रथा जो स्थायी थी किन्तु इच्छापूर्वक थी। बहुत सी घटनाएँ इच्छापूर्वक हुई थीं।

यह प्रथा कुछ समुदायों में विधवाओं के लिए मान्य थी और इसी पर आज के समय में बहस जारी है। जबकि ऐसा भी उदाहरण है कि विधवा को सती की इच्छा होने के बावजूद ऐसा करने से रोका गया है। प्रथाओं के अनुसार एक आदमी का दाह संस्कार उसकी मृत्यु के एक दिन के भीतर ही होना चाहिए। और यदि पति की मृत्यु कहीं और होती है तो उसकी पत्नी अपनी ही जगह पर आत्मदाह करने के लिए विवश है।

अध्याय-8

भारतीय विधि आयोग की इक्कीसवीं रिपोर्ट

विधवा के साथ हैवानियत की हद कर दी

भागलपुर में सामूहिक दुष्कर्म, रात में अस्पताल और थाने के बीच चक्कर काटती रही पीड़िता

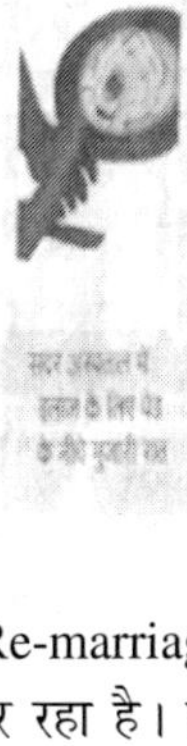

1.1 यह रिपोर्ट, Hindu Widows Re-marriage Act, 1856 है। विधि आयोग इस नीति के सन्दर्भ में विचार-विमर्श कर रहा है। इसके अन्तर्गत आयोग को अधिकार है कि वह इस कानून की अनियमितता और अनिश्चित अवस्था के हटाव के लिए संस्तुति-पत्र बनाए। 1856 की नीति सामान्यतया आवश्यकता और प्रार्थना-पत्र की केन्द्रीय नीति है। इसके अनेक नियम मनुष्य में अनियमितता और सन्देह पैदा कर सकते हैं। इस कानून से लाभ लेने तथा इसको सुगम बनाने के लिए इसका पुनर्निरीक्षण करने की बहुत आवश्यकता है।

1.2 ऊपर दिए गए कानून के स्पष्टीकरण के लिए इस बात का ध्यान रखना चाहिए कि Hindu Widows Re-marriage Act, 1856 से सम्बन्धित भिन्न प्रकार की शाखाओं को deal करती है जैसे कि विवाह, निर्वाह, अनुक्रम और रक्षण।

1.3 यह एक्ट 1856 में व्यवस्थापित किया गया था। लगभग सौ साल बाद, चार एक्ट व्यवस्थापित हुए थे जिनके नाम हैं–Hindu Marriage Act, 1955; Hindu Succession Act, 1956 ; Hindu Minority and Guardianship Act, 1956 and Hindu Adoption and Maintenance Act, 1956 । ये एक्ट हिन्दुओं के व्यक्तिगत कानून में आए मौलिक बदलावों के लिए जिम्मेदार हैं। नए एक्ट के आने के बाद भी Hindu Widows Re-marriage Act, 1856 कानून की किताब में अब भी है। एक्ट 1856 के हर Section पर सावधानीपूर्वक विचार करने की आवश्यकता है।

1.4 एक्ट की कुछ धाराएँ समाज में विधवाओं की अयोग्यता के खिलाफ अपील करती हैं। इसलिए आवश्यक है कि इस एक्ट में सुधार किया जाए।

सबसे बड़ा प्रश्न जो उठा वह यह था कि इस एक्ट 1856 में संशोधन की आवश्यकता है। इसको जाँचने के लिए इन चुनिन्दा विषयों पर विचार करने की आवश्यकता है।

1.5 इस एक्ट में जो प्रमुख विषय हैं वे हैं–

2.1 एक्ट 1856 विधवाओं की शादी से जुड़ी सारी कानूनी बाधाओं को हटाता है। इसको दुबारा व्यवस्थापित किया गया क्योंकि कुछ को छोड़कर दुबारा शादी करने वाली विधवाओं के बच्चों को अवैध कहा गया है तथा उनका पैतृक सम्पत्ति में कोई अधिकार नहीं है।

2.2 यह हिन्दू विधवाओं के कष्ट दूर कर उन्हें दुबारा शादी करने की इजाजत Section I के तहत देता है। इसके अन्तर्गत कहा गया है कि हिन्दुओं के बीच की गई ऐसी शादी को नियम विरुद्ध या अवैध नहीं कहा जा सकता।

2.3 यह Section I विधवा की शादी को वैध और बच्चों को कानूनन सुरक्षित करता है, पर Hindu Marriage Act, 1855 के Section 5(i) के तहत दो हिन्दू शादी तब कर सकते हैं जब दोनों में से किसी की भी शादी के वक्त पति या पत्नी जिन्दा न हो। 1856 एक्ट की अब आवश्यकता नहीं है। सावधानीपूर्वक विचार करने की आवश्यकता है। Section 5 का Clause (i) एक विधवा को दुबारा शादी करने का अधिकार तब देता है, जब उसका पति उसके साथ शादी के वक्त न रहता हो। इसके अन्तर्गत इस बात से कोई फर्क नहीं पड़ता कि वह किसी दूसरे के साथ सगाई कर चुकी है या नहीं। इसलिए 1856 एक्ट का खंडन करने की आवश्यकता है।

2.4 वस्तुतः Hindu Marriage Act, 1855 के Section 4 का खण्डन करने की आवश्यकता है जो इस प्रकार है :

2.6 यह Section (a) निर्वाह, (b) intestate succession, और (c) वसीयतनामा के साथ जुड़ा है।

जहाँ तक निर्वाह के क्षेत्र में, विधवा दुबारा शादी के बाद अपने मरे पति की जायदाद से सारे हक खो बैठती है वहीं Section 19 के तहत एक विधवा अपने ससुर से निर्वाह का पैसा माँग सकती है, जो कि विधवा के दुबारा शादी करने पर खत्म हो जाता है। Section 21 "dependants" शब्द का अर्थ बताती है। Section 22 उस मरे इनसान के उत्तराधिकारियों से जुड़ा है।

2.7 1856 एक्ट का Section 2 दण्ड के बारे में बताता है, जो कि विधवा के दुबारा शादी करने पर उसके पति की जायदाद से जुड़ा हुआ है। Hindu Succession Act, 1956 के Section 8 के तहत विधवा जो अपने गुजरे हुए पति की जायदाद के लिए आवेदन देती है तो Section 14 के तहत उसकी पूरी तरह से हकदार है। Hindu Succession Act के तहत ऐसा कोई नियम नहीं है, जिसमें एक विधवा द्वारा शादी करने पर उससे जायदाद छीन ली जाए।

2.8 बहुत सारे हाईकोर्ट इस नतीजे पर पहुचे हैं कि एक्ट 1856 के Section 2 के तहत सारी जायदाद के लिए प्रार्थना-पत्र पेश नहीं किया जा सकता। आगे यह भी लिखा गया है कि एक बार विधवा को जायदाद दे दी गई हो तो उसे दुबारा शादी करने पर भी वापस नहीं लिया जा सकता।

2.9 इस विषय पर कुछ लेखकों में भेद-भाव हो गया। इसे मुल्लाह में ऐसे रखा गया :

"विधवाओं के पूर्वविवाह जो इस नीति में उनके पति की जायदाद।"

3.1 एक्ट 1856 का Section 3 दुबारा शादी करने वाली हिन्दू विधवाओं के मरे हुए पति के बच्चों के रक्षण से जुड़ा हुआ है। इस Section में लिखा हुआ है :

"3 दुबारा शादी कर चुकी विधवाओं के मरे हुए पति के बच्चों के रक्षण के लिए–जिन विधवाओं के दुबारा शादी के बाद न तो विधवा न ही कोई दूसरा इनसान वसीयतनामा से जुड़ा हो तो उस बच्चे का पालक पिता, माता या दादी या दादा या फिर कोई भी मर्द रिश्तेदार ऊपरी अदालत में आवेदन कर सकता है। अदालत इस बात का फैसला कर सकता है कि उस बच्चे का रक्षण किसे दिया जाए। अदालत को ऐसा करने के पहले यह ध्यान में रखना चाहिए कि ऐसा तभी हो जब बच्चे के पास पिता और माता दोनों ही न हों :

"इस बात का भी ध्यान रखना चाहिए कि अगर बच्चे के पास पर्याप्त जायदाद पढ़ाई तथा अन्य जरूरतों के लिए न हो तो ऐसा कोई निर्णय न लिया जाए जब तक कि पालक उस बच्चे की जरूरतों और पढ़ाई के लिए सही संरक्षण न दे।

3.2 Section 3 विधवा के मरे हुए पति के रिश्तेदारों को अधिकार देता है कि वे अदालत में मरे हुए पति के बच्चों के रक्षण के लिए आवेदन दे सकें। इसके लिए आवश्यक है कि यह विषय Hindu Minority and Guardianship Act के अन्दर

हो। इसके तहत विधवा का दोबारा शादी करना उनके पालन में कोई रुकावट नहीं डाल सकती।

3.3 एक्ट 1856 का Section 3 दोबारा शादी कर चुकी विधवा के पालक बनने के अधिकार को समाप्त नहीं करता। यह केवल preferential right समाप्त करता है। Section 3 केवल बच्चों के संरक्षक का निर्णय करता है, न कि जायदाद का।

3.4 यह कानून Hindu Marriage और Guardianship Act, 1956 के तहत बनाया गया है। इस कानून का कानून की पुस्तक पर होना गड़बड़ी पैदा करता है। इसी वजह से कानून की पुस्तक से Section 7 और 8 से हटाया जाना चाहिए।

4.1 इसका Section 4 उन विधवाओं के लिए है जिनके पास कोई बच्चा नहीं है। उनको भी पैतृक सम्पत्ति में हक मिलना चाहिए। इस Section में लिखा हुआ है :

"4 इसमें ऐसा कुछ भी नहीं है जो किसी बिना बच्चे की विधवा को पैतृक सम्पत्ति से रोकता हो–इसमें कोई भी ऐसी व्याख्या नहीं है जिसके तहत बिना बच्चे की विधवा को पैतृक सम्पत्ति लेने से रोकती हो। अगर मृतक पति कोई जायदाद छोड़कर गया हो तो उस विधवा को उस सम्पत्ति को पूरी तरह से लेने का या फिर अपना हिस्सा लेने का पूरा हक है।"

4.2 वे विधवाएँ जिनके पास बच्चे नहीं होते उनके लिए यह नियम गलतफहमी पैदा कर सकता है। अगर ऐसी कोई अयोग्यता हिन्दू कानून के तहत है तो Hindu Succession Act, 1956 के द्वारा अब अलग हो चुका है। यह ऐसा एक्ट है जो बिना बच्चे की विधवाओं और दूसरों में कोई भेदभाव नहीं करता। अगर किसी विधवा को जायदाद उस एक्ट के तहत मिल चुकी है तो कोई भी अयोग्यता प्रभावी नहीं होती। इसी वजह से एक्ट 1956 के Section 4 का खंडन किया जाना चाहिए।

4.3 Hindu Succession Act के सामने इस विषय को matter of interest के तहत रखा जाना चाहिए। Bengal School of Hindu Law के तहत विधवा बेटी जिसके पास बच्चा न हो, को पिता की सम्पत्ति में अधिकार नहीं दिया जाएगा। एक्ट 1856 के Section 4 में यह अयोग्यता है।

4.4 कोलकाता के कुछ पहले के फैसले 4.5 बाँझ तथा विधवा बेटियों को पैतृक सम्पत्ति में हिस्सा लेने से रोकती है। इलाहाबाद के एक केस में देखा गया कि मृत बेटी के बेटे को विधवा बिन बच्चे के बेटी से ज्यादा अहमियत दी गई।

4.5 Bengal School के तहत जिस जाति में विधवा के पुनर्विवाह को जगह दी गई है उनमें भी बिन बच्चे की विधवा बेटियों को पैतृक सम्पत्ति में शामिल नहीं किया गया है।

4.6 दयाभागा नियम बाँझ बेटी या फिर उन पर लागू होती है जहाँ कोई पुरुष इससे जुड़ा न हो या फिर जहाँ विधवा के पास कोई बच्चा न हो। अगर विधवा पिता की मृत्यु के पहले शादी कर लेती है तो Section 5 सारी अयोग्यता हटा लेगा।

4.7 जबकि दयाभागा में ये हालात थे, मिताकशरा का कानून दूसरा था। गौड़ के अनुसार ऐसा कोई भी भेद मिताकशरा में नहीं था।

4.8 दयाभागा कानून जो एक बिन बच्चे की विधवा को अपने अधिकार से रोकता है, इसी वजह से Section 4 का खंडन करना चाहिए।

5.1 विधवाओं के पुनर्विवाह से होने वाली असमर्थता के एक्ट 1856 के Section 5 में कुछ प्रावधान हैं–

''**5.** Section 2 से 4 के अलावा विधवाओं को जो दुबारा शादी करती हैं उनके हक को बचाना है–इन तीन Sections को छोड़कर कोई भी विधवा सिर्फ पुनर्विवाह करने की वजह से जायदाद से बेदखल या फिर किसी भी हक से वंचित नहीं की जा सकती। किसी भी विधवा को पुनर्विवाह के बाद हक नहीं मिलना चाहिए जो उसे तब मिलता जब कि पहला विवाह होता।''

5.2 यही वह Section है जो असली विषय पर चिन्तन करता है–''विधवाओं के पुनर्विवाह से सारी रुकावटें हटाता है।'' इस Section को दो भागों में बाँटा जा सकता है। पहले भाग में कहा गया है कि ''कोई जायदाद या हक है'' के लिए दिए गए दण्ड को कठघरे में खड़ा करती है। कानून का इरादा हिन्दू विधवाओं को पुनर्विवाह करने पर उनके हक से हटाना नहीं या इस बात पर कि एक विधवा माँ जो पुनर्विवाह पर "Civilly dead" कही जाती है इसे भी कोर्ट ने बॉम्बे के एक केस में अस्वीकार कर दिया है।

5.3 Section 5 के इस सन्दर्भ में दिया गया है कि कानून निर्माण के तहत शोध करना और कानून बनाना है। इसके अन्तर्गत बहुत सारे हिन्दू कानून हैं जिसमें जायदाद और अन्य चीजें हैं।

अब प्रश्न उठता है कि जायदाद से जुड़ा कानून क्या एक्ट 1856 के Section 5 के पहले भाग में आता है।

6.1 एक्ट 1856 के Section-6 का सार है कि जो भी धार्मिक रीति एक हिन्दू औरत के लिए–जो कि एक कन्या हो के लिए उपयुक्त है वही एक विधवा जो कि पुनर्विवाह कर रही हो, के लिए भी माना जाना चाहिए। इस Section का महत्त्व Outh केस के जरिए बताया गया है। विधवा जिसकी शादी ब्राह्मण समाज में हुई पर किसी भी धार्मिक रीति के बिना, इस नीति के तहत ऐसी शादी को प्रबल नहीं कहा जाएगा क्योंकि इसको धार्मिक रीतियों से नहीं किया गया।

6.2 Hindu Marriage Act का Section 7 शादी से जुड़ी धार्मिक रीतियों को अपने अधीन कर लेता है। Hindu Marriage Act ऐसे है–

"7. हिन्दू शादी की धार्मिक रीति–

(1) हिन्दू शादी में उत्सव दोनों पक्षों में से किसी भी पक्ष की प्रचलित रीतियों में किया जा सकता है।

(2) यह रीति दूल्हा और दुल्हन दोनों के सात फेरों पर खत्म होती है।

6.3 एक्ट 1856 के Section 6 का खंडन किया जाना चाहिए।

II. Guardianship in Marriage under Section 7 and the Hindu Law.

6.4 यह हम लोगों को एक्ट 1856 के Section 7 में ले जाता है। Section इस प्रकार है–

"7. नाबालिग विधवा की शादी के लिए सहमत होना–

अगर कोई नाबालिग विधवा पुनर्विवाह कर रही हो तो ऐसा वह पिता की सहमति के बिना नहीं कर सकती। अगर पिता न हो तो दादा की सहमति से या फिर वो न हो तो माता की सहमति होनी चाहिए। या फिर बड़े भाई की सहमति होनी चाहिए। इनमें से अगर कोई भी न हो तो किसी और रिश्तेदार की होनी चाहिए।

इस Section के विपरीत विवाह को अवैध माना जाएगा–जो लोग इस Section के विपरीत जाकर शादी करेंगे वह सजा के हकदार होंगे। यह सजा एक साल या फिर शुल्क या फिर दोनों हो सकते हैं।

इस तरह की शादी का प्रभाव–कोई भी शादी जो–इस Section के विपरीत हुई हो, उसे अदालत अमान्य घोषित करती है। अगर इस शादी में किसी की भी सहमति हो तो ऐसी शादी को मान्यता मिल सकती है।

बालिग विधवाओं के पुनर्विवाह के लिए सहमति–विधवा जो पुनर्विवाह के वक्त बालिग हो उसकी अपनी सहमति इस शादी को अदालत में मान्यता दिलाने के लिए काफी है।

6.5 नीति 1856 के Section का विश्लेषण इस प्रकार कर सकते हैं–

(a) एक विधवा जो कि नाबालिग हो अभिभावक की सहमति के बिना पुनर्विवाह नहीं कर सकती। इस Section के पहले अनुच्छेद में इसी व्यवस्था के बारे में बताया गया है।

(b) एक विधवा जो बालिग हो वह अभिभावक की सहमति के बिना भी पुनर्विवाह कर सकती है।

(c) एक विधवा जिसकी शादी टूट गई हो वह ऐसी सहमति के बिना भी पुनर्विवाह करने योग्य है, अगर वो नाबालिग हो तो भी।

6.6 जहाँ पर अभिभावक की सहमति की आवश्यकता हो वहाँ एक्ट 1856 के Section 7 के अन्दर वे अभिभावक हैं–

1. पिता, 2. दादा, 3. माता, 4. बड़ा भाई, 5. कोई दूसरा पुरुष रिश्तेदार।

6.7 ये पाँच लोग जिनके बारे में एक्ट 1856 के धारा 7 में दिया गया है वो योजना भालकिया में भी है। जहाँ याजना भालकिया में माता को सूची के अन्त में रखा गया है वही Section 7 के बीच में रखा गया है। ''पिता, दादा, पुरुष सम्बन्धी और माता वे लोग हैं जो कन्या को दे सकते हैं।

बंगाल के कानून के तहत–

''पिता, दादा, भाई, पुरुष सम्बन्धी, नाना, मामा और माता को भी कन्या की शादी कर देने का अधिकार प्राप्त है।''

6.9 किसी प्रकार इस बात को भी दिखलाना जरूरी है कि जो विवाह बिना अभिभावक की सहमति के होता है उसे Doctrine of Fulcrum valet पर प्रबल बताया गया है। बॉम्बे के एक केस में सरजेंट सी जे. का निरीक्षण इस प्रकार है–

''ज्यादातर यूरोपियन देशों के कानून के तहत विवाह की प्रबलता के पहले माता, पिता और अभिभावक की सहमति होनी आवश्यक है। फ्रांस के कानून के अन्तर्गत जो पुरुष पच्चीस वर्ष से कम आयु का हो वो बिना माता-पिता या अभिभावक की सहमति के शादी नहीं कर सकता।''

6.10 विवाह के सन्दर्भ में अल्पपक्ष का जो स्थान है वह Hindu Marriage Act, 1955 के नियमित निर्देश अवधि के पहले का है।

हिन्दू कानून के तहत वयस्क होने की आयु सोलह साल है। इससे कम उम्र होने पर वह अभिभावकों की सहमति के बिना शादी नहीं कर सकता।

6.11 यह स्थान 1955 तक रहा। Hindu Marriage Act, 1955 के तहत दुल्हन की उम्र अठारह साल से कम नहीं होनी चाहिए। अगर इससे कम हुई तो अभिभावक की सहमति आवश्यक है। अभिभावकों की सूची एक्ट में दी गई थी।

6.12 कुछ प्रश्न ससुर के स्थान को लेकर भी उठा जो कि विधवा बहू के पुनर्विवाह को लेकर था। इलाहाबाद के एक केस में ससुर को विधवा बहू की शादी करने योग्य पाया गया।

यहाँ पर इस बात का भी उल्लेख किया जाना चाहिए कि एक्ट 1955 के आने के पहले लाहौर के उच्च न्यायालय ने स्पष्ट किया था कि न तो हिन्दी कानून और न ही एक्ट 1856 के तहत सास को विधवा बहू का पुनर्विवाह करने का कोई हक नहीं है (इस केस में बहू की उम्र सोलह साल से कम थी)। किसी भी हिन्दू या इंग्लिश कानून में सास को विधवा की अभिभावक के रूप में पेश नहीं किया गया है।

6.13 जहाँ Hindu Marriage Act, 1955 के अन्दर ऐसा दिया हुआ था वहीं एक्ट 1978 के अन्तर्गत एक कन्या अठारह साल की आयु के बाद ही शादी कर सकती है। ऐसा होने पर अभिभावक की सहमति होने या न होने का भी प्रश्न नहीं उठता चाहे वह कन्या कुँवारी हो या फिर विधवा हो।

Child Marriage Restraint (Amendment) Act, 1978 के तहत दूल्हे की उम्र इक्कीस वर्ष, जो कि पहले पन्द्रह वर्ष थी होनी चाहिए।

6.14 इस वजह से एक्ट के Section 7 को हटाया जाना चाहिए।

परिशिष्ट (appendix)

Indian Law Commissioners जब हिन्दू विधवाओं के पुनर्विवाह के विषय में आ रही कानूनी बाधाओं के बारे में विचार करने लगे तो उन्हें लगा कि इसके लिए कोई नया कानून बनाया चाहिए। North-Western Province के सदर निजामत अदालत ने Law Commissioners को बताया कि बच्चों का कत्ल उनके कानून के अन्तर्गत क्रूरतम अपराध है। उन्होंने यह भी कहा कि किसी भी औरत, उसके मृत बच्चे की लाश को छुपाने का प्रयत्न करना भी अपराध के तहत माना जाना चाहिए।

Law Commissioners ये समझ चुके थे कि विधवा पुनर्विवाह के कानून और बच्चों के कत्ल में सम्बन्ध है। उन्होंने 4 जुलाई, 1837 को Government of India को पत्र लिखा जिसमें यह लिखा हुआ था कि इस तरह के ज्यादातर अपराध हिन्दू विधवाओं को पुनर्विवाह से रोकते हैं। Commissioners इस बात को समझ रहे थे कि इस कानून में थोड़ा-बहुत फेरबदल इस तरह के अपराध पर कम असर करेगा, पर वे इस बात को भी समझ रहे थे कि पूरे कानून में फेरबदल करना हो तो दोबारा इस एक्ट के बारे में सोचना पड़ेगा।

Indian Law Commissioners ने अपने पत्र जिसे 30 जून, 1837 को लिखा था, में कलकत्ता के सदर कोर्ट, इलाहाबाद, मद्रास और बॉम्बे की अदालतों से सुझाव माँगा कि उन्हें हिन्दू विधवाओं को पुनर्विवाह करने का अधिकार देने से कोई आपत्ति तो नहीं है। इसके जवाब में कलकत्ता सदर कोर्ट को जरा भी झिझक नहीं हुई यह कहते हुए कि यह एक अनुपयुक्त सुझाव है और इस तरह के किसी भी कानून का खंडन करना चाहिए। अदालत हिन्दू विवाह को केवल एक जन सम्बन्धी मित्रता नहीं मानती बल्कि इससे जुड़े हर एक नियम को चाहे वो सगाई हो या फिर कुछ और इसे धार्मिक रीतियों के साथ किया जाता है। शास्त्रों के अनुसार "विधवाओं का पुनर्विवाह पृथ्वी पर अपराध और अपमान को जन्म देगा तथा स्वर्ग का रास्ता निषेध करेगा।" कोलब्रूक दाजेस्त हिन्दू कानून के पक्ष में अपनी राय देते

हैं। नॉर्थ-वेस्ट प्रोविन्सेस की सदर दीवान अदालत भी इस कानून के खिलाफ अपनी राय देती है।

अठारह साल बाद ईश्वरचंद्र शेरम, जिनका नाम बाद में ईश्वरचंद्र विद्यासागर पड़ा, ने संस्कृत कॉलेज कलकत्ता से 4 अक्टूबर, 1855 को एक हजार लोगों से हस्ताक्षर करवाया। इसके अन्तर्गत लिखा हुआ था कि विधवाओं के पुनर्विवाह में आने वाली कानूनी रुकावटों को हटाना है।

बारासोट के कुछ निवासी और उसके पड़ोसी श्रीजुट ईश्वरचंद्र विद्यासागर को "सबसे बड़ा स्वदेशभक्त और हिन्दी कानून का बहुत बड़ा विद्वान" कहते हैं। जिल्लाह तिपारा के कुछ निवासी अपने आवेदन में–जो 5 अप्रैल, 1856 को दिया गया–लिखा था कि जो हिन्दू इस कानून के हक में हैं वो "कुछ जाति से सम्बन्ध" रखते हैं।

पुणे के ब्राह्मणों ने अपने आवेदन–जो 27 फरवरी, 1856 को दिया–में इस कानून की खिलाफत की और अपनी राय में लिखा कि जो लोग इस कानून के हक में हैं वो हिन्दू नहीं हो सकते।

पुणे का आवेदन इस पर भी रोशनी डालता है कि इस केस में सरकार के सामने पेश किए जाने वाले कागजातों में हस्ताक्षर लिये गए थे। इसमें लिखा है कि एक 'अबा भूसारी' जो कि एक बनिया है, ने घूम-घूमकर हस्ताक्षर एकत्र किया है।

जिला मैमनसिंह के कुछ निवासियों ने कहा कि विद्यासागर जो करना चाहते हैं वह बहुत ही गलत है जिसकी वजह से भगवान उन्हें बहुत बड़ी सजा देंगे।

अतः अगर हम विधवाओं के पुनर्विवाह कानून पर नजर डालें तो पाएँगे कि कानून तो बन गया पर अपनी तमाम जटिलताओं के साथ वह विधवा को खुशी-खुशी विवाह के लिए प्रेरित नहीं कर पाया। जब एक महिला एक पुरुष से विवाह करती है तो उसी वक्त दोनों की सम्पत्ति क्यों नहीं साझा सम्पत्ति हो जाती है।

क्यों विधुर पुनर्विवाह एक्ट की जरूर नहीं पड़ती और विधवा पुनर्विवाह एक्ट की जरूरत पड़ती है। क्या यह पितृसत्तात्मक समाज का एक छोटा पर पुरजोर प्रयास नहीं है कि एक महिला सदैव आर्थिक तौर पर परतंत्रता स्वीकारती रहे। उसके विवाह के वक्त बच्चों के लालन-पालन का प्रीफरेंशियल राइट उसको मिलता है जबकि माँ से बेहतर देखभाल अपने बच्चे की कोई नहीं कर सकता।

विधवा पुनर्विवाह से जुड़ा एक वाकया अपने लम्बे अनुभवों से मैं बताना चाहूँगी। यह वाकया उस समय का है जब कुछेक दस साल पहले मैं गया में थी। वहाँ पर एक हिन्दू विधवा कुसुम (नाम बदला हुआ) ने एक पड़ोसी मुसलमान से विवाह कर लिया। उनके ऊपर समाज का इतना अत्याचार हुआ कि दोनों को गाँव छोड़कर कलकत्ता में शरण लेनी पड़ी और उससे भी अफसोसजनक बात यह है कि

कुसुम के दोनों बच्चे गाँव में ही सौतेले चाचा-चाची के पास छूट गए। क्योंकि गाँव वाले उन बच्चों की परवरिश में अपने को ज्यादा सक्षम समझते थे और उन्हें यह विश्वास था कि नया पिता धर्म परिवर्तन करा देगा।

अतः हम यह पाते हैं कि समाज यह महसूस करता है कि कहीं-न-कहीं माता या पिता से ज्यादा वह बच्चों की परवरिश में सक्षम है। जब इस पूरे प्रकरण की तहकीकात की गई और उद्देश्य की पड़ताल की गई तो पाया गया कि बेचारी कुसुम की सम्पत्ति को हथियाने की साजिश थी। सम्पत्ति बच्चों के नाम से थी और गाँव वाले मिलकर उसके हिस्से को हथियाना चाहते थे। एक पूरे समाज की कितनी दुर्दान्त सोच है और कितनी घटिया साजिश।

अध्याय-9

डायन—एक खौफ

जीवन में पहली बार मैंने एक जीती-जागती डायन देखी थी। उससे मुझे डरना चाहिए था पर किसी भी तरह से मुझे भय नहीं लग रहा था, अलबत्ता यूँ कहा जाए कि तरस आ रहा था तो शायद ज्यादा सही होगा।

वह मेरा क्या नुकसान करेगी जब पूरा समाज उस पर पिल गया था और नोच-नोच कर उसका भुर्ता बना दिया। शुक्र उसकी किस्मत का था कि वह मरी नहीं। डायन थी शायद।

उसका पेशा लोगों को नजर लगाकर बर्बाद करना था। अभी तक उसको बरबाद करने वाला कोई नहीं आया था।

पर जिस नुची-खुची स्थिति में वह थी उसको देखकर तरस ही सबसे उत्तम शब्द है।

दूसरे दिन हम लोग उसके गाँव 'अबगिला की पहाड़ी' (गया जिले) में तफ्तीश के लिए गए।

इतनी गंदी कॉलोनी मैंने कभी नहीं देखी थी। सब तरफ नाली बजबजा रही थी और घिन, बदबू का आलम था। शायद जीवन में पहली बार मुझको एहसास हुआ कि मैं किसी गंदी जगह आई हूँ। मेरा पूरा शरीर गंदा हो गया है। दो दिन तक मैं घिस-घिसकर नहाती रही तब भी स्वच्छता का एहसास नहीं हो पाया। तो यह सोचने लायक विषय है कि इतने गंदे इलाके में तो कोई भी अच्छा-खासा इनसान ऐसे ही बीमार पड़ जाएगा फिर यहाँ रहने वाले लोग तो कुपोषित कमजोर और बेहद कड़ी मेहनत करने वाले होते हैं। अगर उसमें कोई बीमार हो गया तो अव्वल वह डॉक्टर की फीस देने लायक भी हैसियत नहीं रखता था। बीमार पड़कर मरना मजबूरी थी। इसलिए ही इतने लोग यहाँ मरते थे और इलजाम इस डायन पर लगाया जाता था।

दूसरा मामला जो उस डायन से जुड़ा हुआ सामने आया वह यह कि काफी सम्पत्ति उस डायन की थी और वह कम उम्र में ही विधवा हो गई थी। अतः जिस जिस व्यक्ति का उस जमीन से स्वार्थ निहित है वह तो कहीं न कहीं ऐसा माहौल बनाएगा कि उससे सम्पत्ति न छिने। अतः करीब-करीब पूरा गाँव एकजुट हो गया

और इसके पीछे पड़ गया। इसको मानसिक और शारीरिक रूप से इतना प्रताड़ित किया गया कि यह या तो गाँव छोड़ दे या फिर इतनी सहम जाए कि अपना अधिकार छोड़ दे।

अतः हम पाते हैं कि इस औरत की प्रताड़ना में छिपी दारुण गाथा की तह में सम्पत्ति ही है। कितनी करुण गाथा है कि उसकी सम्पत्ति का वारिस बनने के लिए लोग इस कदर उत्साहित हैं कि उसे ही डायन बताकर मार डालें।

किसी भी समाज के सोशल जस्टिस का आईना उस समाज में महिलाओं की स्थिति है। महिलाओं की स्थिति अक्सर उनकी आमदनी, रोजगार, शिक्षा, स्वास्थ्य और बच्चे पैदा करने की क्षमता से जुड़ी होती है। यह भी कि वह अपने परिवार में कितनी केन्द्रीय भूमिका निभा रही है।

हमारा संविधान औरत हो या पुरुष हर एक को बराबरी का अवसर और स्टेटस देता है। हमारा संविधान न सिर्फ औरतों के हित में बोलता है अपितु एक कदम आगे जाकर औरतों को विशेष दर्जा देते हुए उन्हें आगे बढ़ाने का भी प्रयास करता है।

हमारा देश भारत एक बहुत ही प्राचीन सभ्यता वाला सांस्कृतिक देश है। हड़प्पन सभ्यता से इसकी शुरुआत एक मातृसत्ताक समाज के तौर पर हुई पर आर्यों के आने से वहाँ प्रभुता का साम्राज्य हो गया। चूँकि पुरुषों के पास प्रभुता और शारीरिक क्षमता ज्यादा थी अतः उन्होंने अपनी औरतों को अपने अधीन कर लिया। फिर भी आर्य सभ्यता के शुरुआती दौर में जैसा कि इतिहास बताता या दर्शाता है या फिर जो निष्कर्ष हम निकाल पाते हैं वह यही है कि औरत कम से कम बराबरी के पायदान पर थी। उसकी पहुँच शिक्षा, ज्ञान-विज्ञान तक थी और स्वयंवर के माध्यम से वह अपने जीवन को अपनी बुद्धि और सोच के माध्यम से दिशा देने में स्वतंत्र थी। धीरे-धीरे कैसे यह स्वतंत्रता परतंत्रता में तब्दील हो गई यह दुःख का विषय है।

कितने ऐसे साहित्यिक प्रमाण हैं कि विधवा स्त्रियों ने पुनर्विवाह किया है उदाहरणार्थ—बालि की पत्नी, रावण की पत्नी।

फिर हमारा समाज कैसे इतना हिंसात्मक हो गया कि औरतों के ऊपर दरिंदगी की सारी पराकाष्ठाएँ उसने पार कर दीं और हैवानियत औरतों पर लाद दी। धर्म और सामाजिक मान्यताएँ सदियों के साथ ऐसी बनती गईं कि औरत की स्थिति बद से बदतर होती गई। उससे भी दुखद यह है कि औरत धीरे-धीरे मानवीय पक्ष को छोड़ते हुए एक वस्तु विशेष के तौर पर प्रस्तुत हो गई।

देश की आधी आबादी की परवरिश हम संस्कार और सभ्यता के नाम पर ऐसे करते हैं कि अपनी बालिकाओं को हम भोजन, आजादी एवं उससे भी कीमती 'खुशी' से महरूम रखते है। शायद औरत जीने के अधिकार को ही भूल जाती है।

हमारे संविधान में इतने सुधारात्मक कानून हैं पर अफसोस कि अभी भी हमारा समाज औरतों के प्रति एक बेहद संकीर्ण नजरिए से गुजर रहा है। उसकी सोच महिला सम्मान के प्रति अभी भी बेहद दकियानूसी और कठोर है और यही दुःख का विषय है। वह अपनी अस्मिता और सम्मान की लड़ाई लड़ रही है तब न वह सशक्तीकरण की दिशा में आगे बढ़ेगी। इन सामाजिक कुप्रथाओं में अभी तक जो विद्यमान है वह डायन प्रथा है जो इतनी आम नहीं प्रतीत होती पर जिसकी जड़ें काफी गहरे तक हमारे समाज में अभी भी विद्यमान हैं।

क्यों नहीं ऐसे पुरुष राक्षस होते हैं जो डायन से टक्कर ले सकें या क्यों नहीं पुरुष डायन का चोला पहनते हैं। महिलाएँ ही क्यों पहनने को मजबूर हो जाती हैं यह बहुत ही दुखद पक्ष है और उससे भी तकलीफदेह बात यह है कि अधिकांशतः डायन विधवाएँ ही क्यों होती हैं।

अक्सर डायनों को बेहद जलील किया जाता है, अपमानित किया जाता है और जब कुछ नहीं मिलता तो जला देते हैं। अतः समाज की महिलाओं के प्रति लड़ाई उनके आत्मसम्मान के हनन से शुरू होती है और जीवन की समाप्ति पर खत्म होती है।

कितनी जिल्लत इन तथाकथित डायनों को झेलनी पड़ती है, यह अपने आपमें शोध का विषय है।

अगर हम इन डायनों के ऊपर अत्याचार का मोटा-मोटी तरीका देखेंगे तो पाएँगे कि इन डायनों को मार डाले जाने से भी अधिक भय है कि–

(1) इन्हें निर्वस्त्र कर गाँव में घुमाया जाएगा।
(2) इन्हें पेड़ से बाँधकर पीटा जाएगा।
(3) इनका सामूहिक बलात्कार होगा या फिर इनका शारीरिक शोषण होगा।
(4) इन लोगों के परिवार को मार डाला जाएगा या समाज से बहिष्कृत कर दिया जाएगा।
(5) इन लोगों को मल-मूत्र खिलाया जाएगा।
(6) इन लोगों से मृत आत्माओं का पिंड दान कराया जाएगा।
(7) इन लोगों को मानव गोश्त खाने पर मजबूर किया जाएगा या किसी जानवर का खून पीने पर मजबूर होना पड़ेगा।
(8) या बालों को उतरवाकर मुँह पर कालिख पोत घुमाया जाएगा।

क्या किसी भी सभ्य समाज में इतनी बर्बरता और अमानवीय व्यवहार को हम कहीं से भी उचित ठहराएँगे या फिर मानवाधिकार के हनन का यह हर प्रकार से सीधा-सीधा मामला बनता है।

अब हम सम्पत्ति के अलावा इसके मूल में अगर कोई और उद्‌देश्य देखते हैं तो आइए IBN Khabar की इस रिपोर्ट पर एक नजर दौड़ाएँ।

डायन प्रथा के नाम पर लड़कियों की तस्करी

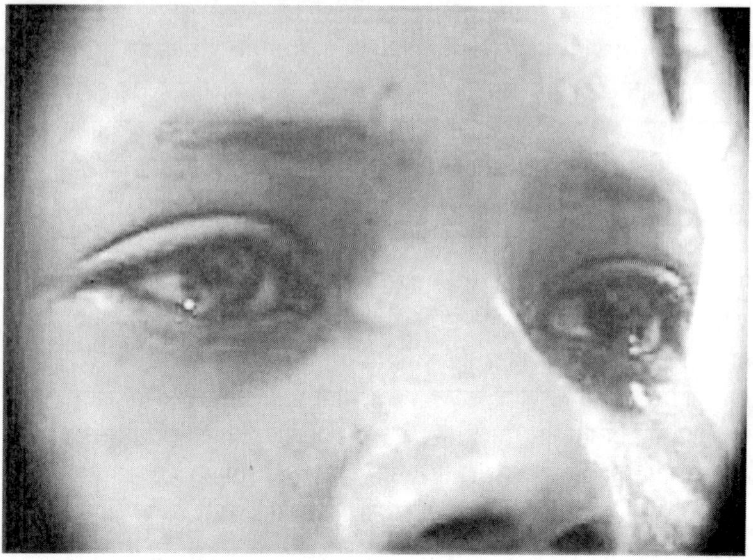

नई दिल्ली। झारखंड से रोज न जाने कितनी लड़कियों को बहला-फुसलाकर दिल्ली और तमाम बड़े शहरों में लाया जाता है और यहाँ पर उनका मानसिक और शारीरिक शोषण होता है। लेकिन बात सिर्फ इतनी भर नहीं है। इन लड़कियों की तस्करी के लिए अब जिस हथकंडे का इस्तेमाल हो रहा है वो है डायन प्रथा।

दिल्ली लाई गई ऐसी ही एक लड़की पिंकी ने जब अपनी आपबीती बताना शुरू किया तो खुलने लगी एक ऐसी घिनौनी साजिश की परतें जिसे देखकर-सुनकर भी यकीन नहीं होता। पिंकी ने कहा कि कोई लड़की नहीं चाहती कि वो शराब पिए लेकिन वो बेइज्जत करते हैं।

उन्हें जिस लड़की के साथ गंदा काम करना होता है उससे पहले वे दूसरी लड़कियों को वहाँ से हटा देते हैं। वो उन्हें वहाँ से थोड़ी दूर भेज देते हैं और जिनके साथ जबर्दस्ती करनी होती है, करते हैं। पिंकी जिस साजिश की शिकार बनी है उसकी जड़ें दिल्ली से कई सौ किलोमीटर दूर झारखंड में हैं।

तफ्तीश करने हम पहुँचे झारखंड के उन दूर-दराज के इलाकों में जहाँ आज भी किसी भी औरत को कह दिया जाता है कि तुम डायन हो। झारखंड में हमारा पड़ाव था छोटा-सा शहर पाकुड़। यहाँ हमारी मुलाकात हुई रजनी से। कुछ समय पहले रजनी पर भी साजिश का शिकंजा कस दिया गया था।

किस्मत अच्छी थी लिहाजा वो बच गई, मगर खौफ अब भी बरकरार है। इस मामले में रजनी ने बताया कि मैं वहाँ काम करती थी और मैडम मुझे लात से मारती

थीं। खाना भी ठीक से नहीं देती थीं। चाहे रजनी हो या पिंकी दोनों के खिलाफ रची गई साजिश का चक्रव्यूह एक जैसा है।

इन लड़कियों की माँ को पहले इलाके में डायन घोषित कर दिया गया। फिर हमदर्दी और नौकरी दिलाने के नाम पर इन्हें दिल्ली लाया गया। यहाँ पर इनके साथ महीनों तक जुल्मोसितम का ऐसा खौफनाक खेल खेला गया जिसे याद कर आज भी ये काँप जाती हैं।

डायन प्रथा की जड़ें झारखंड में काफी पुरानी और मजबूत हैं। हर साल सैकड़ों लड़कियों को डायन बताकर या फिर नौकरी का झाँसा देकर शहरों में बेच दिया जाता है। आँकड़ों पर नजर डालें तो तीन साल में एक लाख 23 हजार महिलाएँ और लड़कियाँ गायब हैं। तस्करी का शिकार होने वालों में 77 प्रतिशत आदिवासी हैं।

इनमें 70 प्रतिशत महिलाएँ 20 साल से कम आयु की हैं। 65 प्रतिशत अशिक्षित हैं। केवल 27 प्रतिशत लड़कियाँ परिवार के सम्पर्क में हैं। लड़कियों की तस्करी करने वालों में से 28 प्रतिशत की उम्र 31.40 साल है। तस्करों में 52 प्रतिशत पुरुष और 47 प्रतिशत महिलाएँ हैं। 53 प्रतिशत मामलों में तस्कर लड़कियों को नौकरी का लालच देते हैं।

13 प्रतिशत मामलों में लड़कियों को जबर्दस्ती बेचा जाता है। 17 प्रतिशत मामलों में लड़कियों के माँ-बाप से दोस्ती कर उन्हें बेटी देने के लिए मजबूर कर दिया जाता है। लड़कियों का सौदा होता है 4 से 40 हजार में। गाँव वालों को महिलाओं पर मँडरा रहे इस खतरे का अहसास जरूर है मगर इस बारे में वो कुछ भी बात करने से इनकार कर देते हैं।

अब हम जरा गौर फरमाएँ कि इस आदिम प्रवृत्ति और डायन प्रथा की उत्पत्ति में कहीं-न-कहीं अशिक्षा और गरीबी हैं। डायनें आदिवासी समाज में बहुलता से मिलती हैं।

Witchcraft या डायन एक प्रकार की हिंसा है जिसका सीधा लक्ष्य गाँव की औरतें होती हैं। यह प्रथा जैसा कि ऊपर कहा जा चुका है अभी भी गाँव की प्रथा है जहाँ पैसे के अभाव में समुचित इलाज नहीं हो पाता या अच्छे डॉक्टरों की कमी के कारण लोग बार-बार बीमार पड़ते हैं और अन्तः मृत्यु को प्राप्त होते हैं और इसका ठीकरा गाँव की किसी ऐसी महिला पर फूटता है जो या तो अकेली है या जिसको सता पाना आसान होता है। अक्सर गाँव के प्रभुत्व वाले लोग अपनी शक्ति का प्रदर्शन करते हुए काफी सारी औरतों को अपने शिकंजे में कस लेते हैं और हिंसा करते हैं।

छत्तीसगढ़ : मीताबाई, उम्र 34 वर्ष, 6 मई, 2005 करीब आठ बजे सुबह तीन पुरुष और छः औरतें उसके घर में जबरन घुस गए और उसको डायन करार दिया। जब उसने बीच-बचाव करके मदद के लिए चिल्लाना शुरू किया तो सब उसके ऊपर टूट पड़े और किसी ने भी मदद उसकी नहीं की। उसके बदले उसे घर से घसीट लिया गया, सारे कपड़े उतार दिए गए और मार डालने के लिए पेड़ से लटका दिया गया।

दफा-302 खून की सजा फाँसी या ताउम्र कैद देती है फिर ऐसे वाकयात में क्यों खूनी खुले घूमते हैं। क्यों नहीं डायन प्रथा के खिलाफ पुरजोर मुहिम चलती है और ऐसे सख्त कानून बनते हैं कि लोग किसी के खिलाफ ऐसी हिंसा करने से डरें।

ऐसी डायनों का जुर्म क्या होता है और क्या किसी भी सभ्य समाज को बर्बरता और हिंसा अख्तियार करने का अधिकार है।

यह माना जाता है कि डायन वह बुरी आत्मा है जिसको तरह-तरह के नाम से जाना जाता है और हर प्रान्त में उसके लिए दूसरे सम्बोधन हैं जैसे तेलुगु में डायन है, कन्नड़ में पिशाच है, गुजराती में डाकिन है और हिन्दी में मालती या डायन। यह विश्वास है कि औरत बुरी आत्मा को आत्मसात् कर लेती है।

अगर हम इसके मनोवैज्ञानिक दृष्टिकोण में जाएँ तो पाते हैं कि औरतों को सेक्स से इतना वंचित रखा जाता है कि अक्सर उनके अन्दर तरह-तरह की यौनकुंठा उपज जाती है जो सास को बहू के प्रति, बहू को सास के प्रति उपजती है। समाज में औरतों के पास कोई कार्य नहीं होता, जीवन का पुख्ता कोई संकल्प नहीं होता। अतः वे अपना सारा समय अनर्गल विचारों को जन्म देने में जाया करती हैं। किसी की भी तरक्की या खुशी के प्रति वे इतनी आशंकित हो उठती हैं क्योंकि उनके पास करने और सोचने के लिए एक सीमित दायरा होता है। अतः उनके अन्दर तरह-तरह की कुठाएँ जिस मनोवैज्ञानिक रोग के तौर पर जन्म लेती हैं वह विनाशकारी भी हो सकती है, विध्वसंक भी।

अब देखें कि गाँवों में डाकिन के प्रति क्या विश्वास या प्रचलन है।

डाकिन को लोग एक ऐसी विनाशकारी शक्ति के तौर पर मानते हैं जो किसी भी औरत के शरीर में घुस जाती है और उसके शरीर को इतना रौंदती है कि वह बीमार पड़ जाए या इतनी तकलीफ दे और शरीर को तभी छोड़े जब उस शक्ति या आत्मा को खुश किया जा सके।

अगर औरत समाज के दकियानूसी सिस्टम को तोड़ता चाहती है तो अक्सर उसे भी डायन का सम्बोधन मिल जाता है।

चुड़ैल से उस औरत को संबोधित करते थे तो बच्चे के जन्म के समय मर जाती है।

अतः हम पाते हैं कि गरीबी, अशिक्षा, मेडिकल उपचार की सुविधा का उपलब्ध न होना, बहुत अन्दर गाँव का स्थित होना (ऐसी जगह पर जहाँ आने-जाने की सुविधा का विकास नहीं हुआ है), और ग्रामीण परिवेश ऐसी मान्यताओं को जन्म देते हैं कि औरत लाचार बेबस और कमजोर हो जाती है और उसके ऊपर हिंसा को पूरा समाज मान्यताओं के नाम पर स्वीकार्य कर लेता है।

हमारे देश में पुलिस रिकॉर्ड इस तरह के केस में अक्सर मौन रहते हैं। उनकी केस डायरी में उपस्थिति अक्सर नगण्य रहती है।

पुलिस या प्रशासनिक सहयोग भी बिल्कुल नगण्य रहता है। अक्सर ये औरतें या उनका परिवार कहीं पर भी अपने समर्थन में सहयोग जुटा नहीं पाती और बिना अधिकार और आत्मसम्मान के समाज के सबसे निचले पायदान पर अपना जीवन व्यतीत करती है।

अभी तक हमारे देश की संवैधानिक प्रक्रिया इस तरह के अंधविश्वास को कोई कानूनी जामा नहीं पहना पाई है। अक्सर दोषी अच्छे से बच जाता है और नहीं तो अधिकतम एक वर्ष की सश्रम कारावास का अधिकारी होता है।

यह कहीं से भी अंधविश्वास का मसला है ही नहीं। इसके लिए अन्तर्राष्ट्रीय मानवाधिकार कानून को सामने आना चाहिए।

यह डायन प्रथा हिंसा के साथ-साथ अन्तर्राष्ट्रीय मानवाधिकार का सीधा-सीधा हनन है जिसमें बराबरी का अधिकार, भेदभाव से बचाव, जीवन जीने का अधिकार, क्रूरता और अमानवीय व्यवहार, सुरक्षा का अधिकार, अच्छे घर में रहने का अधिकार, राष्ट्रीय जानकारियों का अधिकार और राहत पाने का अधिकार से हम उस औरत को वंचित करते हैं जिसे कि डायन करार देते हैं।

अतः हम देखते हैं कि डायन प्रथा की क्रूरता के तहत हम एक मानव के कितने सारे अधिकारों का हनन कर रहे हैं।

बिहार हमारे देश का प्रथम राज्य है जहाँ Prevention of Witchcraft Practise Act, 1999 बना। उसके बाद Jharkhand Witchcraft Act in 2001 और फिर Chhattisgarh & Rajasthan 2005-06 Sep. सुरक्षा का अधिकार, अच्छे घर में रहने का अधिकार, राष्ट्रीय जानकारियों का अधिकार और राहत, पर विडम्बना यह है कि सुप्रीम कोर्ट ने इस प्रथा के ऊपर अभी सुनवाई को मंजूरी नहीं दी है।

बिहार के आदिवासी इलाकों में डायन के नाम पर महिलाओं की हत्या की संख्या में लगातार हो रही वृद्धि को बिहार विधान परिषद ने गम्भीरता से लिया। 133वें सत्र में 26 अप्रैल, 1999 को विधान परिषद ने उपर्युक्त विधेयक को पारित किया। सनद रहे 128वें सत्र (दिसंबर 1997) में अपने प्रारम्भिक सम्बोधन में माननीय सभापति प्रो. जाबिर हुसैन ने आदिवासी इलाकों में महिलाओं की इस बर्बरतापूर्ण हत्या पर गहरा क्षोभ व्यक्त करते हुए इस दिशा में प्रभावकारी कदम उठाने की आवश्यकता पर जोर दिया था।

पुनः सत्र 129 (मार्च 1998) में सदन में इस विषय पर उठाए गए एक मामले पर माननीय सभापति ने अपना नियमन दिया। इस गंभीर मसले पर 132वें सत्र (दिसंबर 1998) के दौरान भी माननीय सभापति प्रो. जाबिर हुसैन ने गहरी चिंता व्यक्त की। उल्लेखनीय है कि माननीय सभापति प्रो. जाबिर हुसेन की इस दिशा में निरन्तर सक्रिय पहल तथा निदेश के आलोक में राज्य सरकार ने डायन प्रथा पर कानूनी रोक लगाने के उद्देश्य से एक विधेयक राज्य विधानमंडल में पेश किया था जो 26 अप्रैल, 1999 को विधानसभा में पारित हुआ और तत्पश्चात उसी दिन बिना किसी संशोधन के विधान परिषद से भी पारित हुआ।

डायन प्रथा प्रतिषेध अधिनियम, 1999 में यह प्रावधान किया गया है कि यदि कोई भी व्यक्ति किसी औरत को डायन के रूप में पहचान कर उसे शारीरिक या

मानसिक यातनाएँ जान-बूझकर देता है या अन्यथा किसी प्रकार प्रताड़ित करता है, तो उसे छः माह तक की अवधि के लिए कारावास की सजा अथवा दो हजार रुपए तक के जुर्माने अथवा दोनों सजाओं से दंडित किया जाएगा।

मानवता अभी भी शर्मसार है।

बिहार में अभी भी औरत के ऊपर हिंसा और प्रताड़ना मामले में डायन प्रथा कैसे हावी होती है इसका एक पुख्ता प्रमाण है यह घटना।

लालपरी देवी को लोग गाँव में शक की निगाह से देखते थे और मानते थे कि वह एक डायन है।

पटना के नौबतपुर गाँव की मनोरमा राय 45 वर्ष की थी। वह बृहस्पतिवार की सुबह अदालथक गाँव से इलाज कराने के लिए गई थी। वह मानसिक रूप से विक्षिप्त थी।

पर इलाज के दौरान मनोरमा की हालत चिन्ताजनक होने लगी तो उसके पति रामअयोध्या राय लालपरी देवी पर क्रोधित हो गए और उसको प्रताड़ित करने लगे।

उसे मारा गया और रस्सी से बाँधकर गाँव में घुमाया गया।

उसके बाल काट दिए गए और जला दिए गए।

उसके बाद भी जैसे गाँव वालों की हिंसा में कोई कमी नहीं आई और उसे गंजा कर चेहरे पर चूना पोत दिया।

पुलिस ने हस्तक्षेप किया और रामअयोध्या के विरुद्ध मुकदमा दर्ज किया।

क्या यह बर्बरता हमारे सभ्य समाज को कहीं से भी इंगित करती हैं जहाँ एक अबला पर पूरा समाज मात्र तमाशबीन बन उसको शोषित करता है।

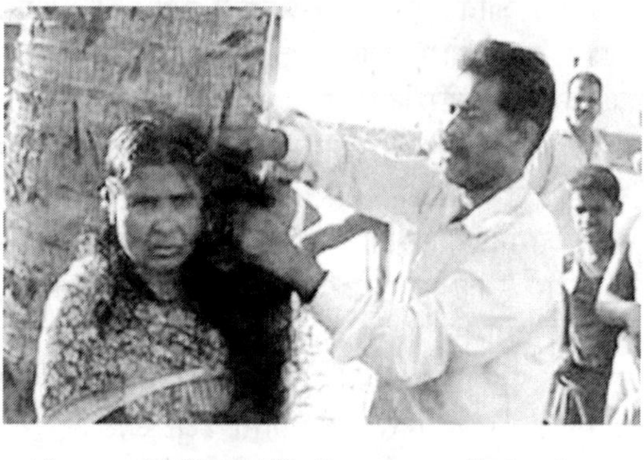

45 year old Bihari Dalit woman, Lalpari Devi, is publically humiliated as she is tied to a tree and her hair is shaved.

अध्याय-10

महिलाओं की अस्मिता पर प्रश्नचिह्न

ऑनर के लिए मारी गई निरुपमा !

दिल्ली की पत्रकार की हत्या के आरोप में उसकी मां गिरफ्तार

निज प्रतिनिधि

29 अप्रैल को घर में मृत पाई गई थी निरुपमा

28 अप्रैल को दिल्ली वापसी का रिजर्वेशन रद्द

19 अप्रैल को दिल्ली से कोडरमा पहुंची थी

गुत्थी सुलझी

पंचायती राज व्यवस्था बनाम खाप पंचायत, मानवता का ह्रास

हमारा देश गाँवों में बसता है। गाँव की संस्कृति में हमारे देश की आत्मा बसती है। गाँव की संस्कृति में गाँधी जी की भी सभ्यता रचती-बसती है। गाँवों को एक महत्त्वपूर्ण स्थान दिया था पर विडम्बना यही है कि जब गाँवों की बारी आती है तो सभ्यता, संस्कृति और विकास के नाम पर दुहाई देने वाले यह भूल जाते हैं कि विषमता की जननी भी यही संस्कृति और बिरादरी है। यहाँ पर अभी भी पंचायतें बैठती हैं, तुगलकी फरमान का ऐलान और न्याय और नीति का विस्तार और फरमान जारी होता है।

ये पंचायतें अपने मुद्दे, अपने उसूल, अपनी सोच को समाज पर लादकर उन्हें बदलने, आगे बढ़ने से रोकती हैं। समाज की बरसों से चली आ रही सभ्यता और संस्कृति सड़-गल गई है और कहीं-न-कहीं जो मानवता के खिलाफ है, हर ताकत लगा कर रोकती हैं।

और इन पंचायतों से अगर सबसे अधिक नुकसान किसी को होता है तो वह महिलाएँ हैं जो इन पंचायत लीडरों का हुक्मनामा मानने के लिए बाध्य हैं और अक्सर हमारी व्यवस्था और न्याय प्रक्रिया मौन और गौण रहकर इनके अनेक फरमानों पर अपनी मुहर लगा देती है। हमारी लोकतांत्रिक मानवतावादी प्रक्रिया को लकवा मार जाता है जब ये बेहूदे और बेबुनियादी फरमान जारी करते हैं।

ऐसा ही कुछ हम अखबारों में अक्सर पढ़ते हैं कि प्रेमी युगल को समाज ने स्वीकार नहीं किया और उन्हें गाँव छोड़ने पर मजबूर कर दिया या फिर लड़के के बाल मुँड़ा जूते की माला पहनाकर गाँव में अर्धनग्न अवस्था में घुमाया गया या फिर जब हद हो गई तो जान से मारने की धमकी तक दे डाली और उससे भी अगर कुछ नहीं बिगड़ा तो लड़के-लड़की या दोनों को मारकर लाश को नाली के पास या गाँव खेत में फिकवा दिया। और मजे की बात यह कि पुलिस इसकी मूकदर्शक बनी बैठी रहती है। मीडिया अगर दबंगों और दोषियों का नाम छापता है तो भी न कोई कार्यवाही होती है, न गाँव में कोई हलचल होती है, न कोई उत्तेजना–बस माना गया तो 'कत्ल'।

'कत्ल' गाँव, पंचायतों का अमोघ अस्त्र है अपनी बात मनवाने के लिए।

और जाति जो हमारे समाज को जोंक की तरह खा रही है उसकी तो चर्चा करना भी बेकार है।

कहानी गोया कुछ यूँ है–

अप्रैल 2006-07 में मनोज और बबली अपने गाँव करोरा ग्राम से भागकर दूसरे दिन कैथल में विवाह करते हैं।

03 मई को पंजाब और हरियाणा पुलिस कैथल एस.पी. को कहती है एक शिकायत दर्ज करने के लिए कि मनोज और बबली की जान को खतरा है।

15 जून को मनोज अपने घर आखिरी बार बात करता है। उसको डर था कि बबली के रिश्तेदार उसका पीछा कर रहे थे। दिन-दहाड़े इस जोड़े को कमल जिला से उठा लिया गया।

20 जून को जब Abduction (उठाना) का केस पुलिस स्टेशन में लिखाया गया तो 23 जून को उनके शव एक कैनाल में तैरते हुए मिले।

25 मार्च, 2010 को करनाल कोर्ट ने 6 लोगों को मर्डर और एक को साजिश के जुर्म में सजायाफ्ता घोषित कर दिया।

क्या ही अच्छा होता कि अगर आज बबली और मनोज जिन्दा होते, क्या बिगड़ता अगर गाँव वाले उन्हें जीने की आजादी दे देते। क्यों एक मासूम जोड़े को शादी के चन्द दिनों के अन्दर मार डाला गया। क्या उनकी खुशियों से खाप पंचायत खफा भी था या हमारा समाज इतना बेदिल हो गया है कि मार डालना, जीवन ले लेना उसके बाएँ हाथ का खेल है।

क्या हम जिस संस्कृति की बात करते हैं वहाँ खून कर देना समाज के लिए संचालित, स्वीकृत और मर्यादित कर्म है। शायद यह मानवता के नाम पर धब्बा मात्र है कि हम औरतों को गाय, भैंस, बकरी या बहुत ही सुन्दर नुमाइश की चीज की तरह घर में सजाकर रखने और उससे भी अधिक इज्जत से जोड़कर एक वस्तु का दर्जा दे देते हैं।

गोया हमारे हिन्दुस्तान में परिवार और मर्दों की शान उनकी मूँछों से शुरू होकर औरतों पर खत्म होती है। तो जब-जब वे मूँछों पर ताव देते हैं तब-तब औरतों की मुंडी घुमाकर कस देते हैं कि वह ज्यादा न बोले और औकात में रहे।

और अगर औरतें उनकी धुन पर नृत्य नहीं कर पाईं तो उनका होना या न होना बेकार। कर दो खल्लास। इस गुंडागर्दी का कोई इलाज थोड़े है। खुल्लमखुल्ला आवारागर्दी खून-खराबा करना सदियों से हमारी संस्कृति की फितरत बन गई है। हम लोग जब औरतों की प्रताड़ना की बात करते हैं तो हर जगह हमारी सभ्यता उसको ढक-मूँद लेती है और हम सीता सावित्री के देश की गाथा गाने लगते हैं।

यह उसी देश में होता है कि सीता ने स्वयंवर से राम को चुना था, राधा कृष्ण के साथ रास-लीला करती थी। पार्वती ने शिव को पाने के लिए घोर तपस्या की थी। हमारी संस्कृति का यह भी एक अभिन्न अंग है पर हमारा समाज भूलकर भी इसकी चर्चा नहीं करता क्योंकि यह समाज और परिवार के हित में नहीं है। महिला दबी-ढकी रहेगी तो बोलेगी नहीं और पितृसत्तात्मक समाज का वर्चस्व हो जाएगा और सम्पत्ति, सत्ता और प्रभुत्व पुरुष के पास बरकरार रहेगा। क्योंकि जब भी संस्कृति की चर्चा

होती है तो उसका विश्लेषण होना चाहिए कि हमारा इतिहास जो दरशा रहा है उसके वास्तविक निष्कर्ष क्या निकलते हैं, न कि हम इतिहास को कैसे देखते हैं या लोगों को कैसे दिखाना चाहते हैं या हमारे समाज, धर्म के नेता संस्कृति को कैसे दिखाना चाहते हैं। इसे पूरे प्रकरण में।

हरियाणा कोर्ट ने Honour killing के लिए 5 लोगों को मृत्युदंड और एक को आजीवन कारावास की सजा सुनाई क्योंकि उन्होंने खाप-पंचायत (जाति पंचायत) के कहने पर एक युवा दंपती को मार डाला।

पंचायतों का काम समाज में सरकार के द्वारा चलाई जा रही सुधारात्मक प्रक्रिया और विकास के कार्यों का कार्यान्वन होना चाहिए न कि ऊटपटाँग आदेश को पास कर अपनी मनमानी करना।

किसी भी समाज में वह गलत है जिसको कानून जुर्म करार देता है, न कि वह जिसको समाज जुर्म के दायरे में लाता है।

खाप पंचायतों के पास और कोई काम नहीं रह गया है सिवाय मनमानी और गुंडागर्दी करने के। किसी को डायन करार कर नंना नचा दो। किसी के प्रेम और विवाह को गलत ठहराकर जाति और गाँव के बाहर निकाल दो। मरता क्या न करता समाज में रहने के लिए लोग बहुत कुछ का बलिदान कर देंगे। आखिरकार सामाजिक प्रतिष्ठा एक बहुत बड़ी चीज है एक आम आदमी के लिए और समाज से कटकर रह पाना हर किसी के लिए संभव नहीं। फिर इन खाप पंचायतों का कानूनी अस्तित्व क्या है! जब वह खुद ही गैर-कानूनी है तो फिर इनके द्वारा पारित आदेश तो सर्वथा गैर-कानूनी होंगे।

कानून अकेले समाज को नहीं बदल सकता। समाज को बदलने के लिए उसकी सोच में महती बदलाव करना पड़ेगा तब कुछ सफल आँकड़े सामने आएँगे।

गाँधी जी का सपना पंचायती राज था। उनका मानना था कि हमारे देश का विकास तभी संभव है जब पंचायतों तक लोकतांत्रिक प्रक्रिया का संचार हो। पर यहाँ तो उलटे सदियों से जकड़ी सामाजिक संरचना अपना विकराल मुँह फैलाकर पूरे समाज को निगलने के लिए तैयार है।

अब हम देखें कि हमारी पंचायती राज व्यवस्था क्या कहती है?

उससे भी पहले हमें एक निगाह इस पर डालनी होगी कि सशक्तीकरण क्या है? क्योंकि यहीं से मानव की मूलभूत सामाजिक प्रक्रिया की लड़ाई होती है। हर व्यक्ति चाहता है कि स्व और शक्ति की लड़ाई में वह सर्वदा आगे रहे। उसकी बात सुनी जाए। उसे अहमियत मिले, समाज में उसकी साख हो, कीमत हो।

सशक्तीकरण के द्वारा लोग अपने जीवन से जुड़ी तमाम बातों पर अपना वर्चस्व और राय रखते हैं। इससे उनकी जिन्दगी पर नियंत्रण (अधिकार) आ जाता है और

सशक्तीकरण के माध्यम से लोग अपने जीवन में, अपनी जाति में, अपने समाज में एक ताकत प्राप्त कर लेते हैं। उन मुद्दों पर राय और सहमति बनाने की, जो जरूरी है जागरूकता पैदा करने में।

कहाँ हमारा देश और उसकी लोकतांत्रिक प्रक्रिया महिला सशक्तीकरण की दिशा में पुरजोर काम कर रही है और इस ओर कदम बढ़ रहे हैं कि महिलाएँ अपने वजूद और अहमियत को पहचान सकें और पुरुषों के साथ कन्धे से कन्धा मिलाकर विकास की ओर बढ़ सके...और कहाँ यहाँ जातिगत पंचायतें महिलाओं को समाज और परिवार की इज्जत दर्शा कर बेतुके फरमान जारी करती हैं, जिससे मासूमों की जाने जाती हैं। क्यों नहीं यह पंचायत सक्रिय होती जब किसी महिला को दहेज की वेदी पर जला दिया जाता है, या भ्रूण हत्या के नाम पर बच्चियाँ मार डाली जाती हैं या डायन करार कर उनका निर्वस्त्रीकरण होता है या फिर बलात्कार जैसा अन्याय सह उन्हें चुप रह जाना पड़ता है। तब हमारी खाप पंचायतें और उसके खैरख्वाह कहाँ छुपे बैठे रहते हैं और जब कोई मासूम समाज में उनके द्वारा बनाए नियमों का उल्लंघन करता है तो मानो ये सुसुप्तावस्था से जागकर सहसा सक्रिय हो जाते हैं और ऐसे कार्यो को जुर्म की संज्ञा देकर लोगों को परेशान करते हैं।

संविधान के 73वें संशोधन के द्वारा पंचायती राज्य व्यवस्था में महिलाओं की सक्रिय भागीदारी पर जोर दिया गया है। अभी तक महिलाओं की हिस्सेदारी राजनीतिक व्यवस्था में बहुत अधिक नहीं थी और पुरातन दबाव, जैसे–जाति, धर्म, सामंती प्रवृत्ति एवं पारिवारिक हैसियत भी महिलाओं की स्थिति को कमजोर करती थी। इसलिए संविधान के 73वें संशोधन से महिलाओं की स्थिति में पुरजोर बदलाव आया कि वह लोकल स्तर पर अपनी पीड़ा व्यक्त कर सकें और समाज की स्थिति बदलने में निर्णायक भूमिका अदा कर सके।

जब सरकार ने पंचायत स्तर पर महिलाओं को सक्रिय भागीदारी प्रदान की है तो कोई भी सोचने पर मजबूर हो जाएगाा कि खाप पंचायत में सरपंच द्वारा कोई भी निर्णय लेने के पहले महिलाओं से किसी भी विषय में राय-मशवरा क्यों नहीं किया जाता?

पंचायती राज व्यवस्था ग्रामीण स्तर की अपनी सरकार है जिसका मुख्यतः कार्यक्षेत्र Planning, decision making, Implementation & delivery System है। जब हमारा संविधान महिलाओं के हित में इतना अग्रसर है और चाहता है कि उनकी बराबरी की और सक्रिय भागीदारी रहे–कानून, न्याय व्यवस्था एवं विकास में तो क्योंकर सरपंच अपने उसूलों और सड़ी-गली मान्यताओं के माध्यम से ऐसे कार्य करता है और फरमान जारी करता है जिससे महिलाओं का अहित हो।

ठीक है हमारा हिन्दू विवाह अधिनियम भी समगोत्री विवाह पर अंकुश लगाता है और उसे कानूनी मान्यता नहीं है पर अगर विवाह हो ही गया है तो उसमें बंदिशें लगाना और उसे तोड़ना भी कानूनन अपराध है। फिर हमारा संविधान पंचायती राज व्यवस्था में 1/3 सीट महिलाओं के लिए सुरक्षित रखे हुए है तो महिलाओं को हम घर की इज्जत का दर्जा देकर स्वयं ही अपराध कर रहे हैं।

अब जरा एक नजर डाली जाए कि हमारे संविधान के द्वारा पंचायत की संरचना क्या है?

107. ग्राम कचहरी की पीठ की दांडिक शक्तियाँ : (1) ग्राम कचहरी की पीठ पक्षों को सुनने एवं उनके द्वारा पेश साक्ष्यों पर विचार करने के पश्चात् अपना निर्णय अभिलिखित करेगी तथा अपराधी को ऐसे जुर्माने से दंडित कर सकेगी जो एक हजार रूपए से अनधिक हो।

परन्तु अगर मामले के विचारण के समय पीठ में उपस्थित समुदाय एकमत नहीं हो तो वैसे सदस्यों के बहुमत का निर्णय ग्राम कचहरी की पीठ का निर्णय होगा।

परन्तु आगे यह कि मामले के विचारण में पीठ में उपस्थित सदस्यों के मतों की बराबरी की स्थिति के, सरपंच द्वितीय निर्णायक मत देगा तथा पीठ का निर्णय उस द्वितीय अथवा निर्णायक मत के अनुसार होगा।

(2) ग्राम कचहरी की कोई पीठ, साधारण अथवा सश्रम, किसी कारावास की सजा नहीं दे सकेगी, चाहे वह मूल दंडादेश रूप में हो या जुर्माने का भुगतान करने में व्यतिक्रम करने पर हो।

(3) जब कोई पीठ उपधारा (1) के अधीन कोई जुर्माना अधिरोपित करती है, तो वह आदेश पारित करते समय निर्देश दे सकेगी कि वसूले गए जुर्माने का सम्पूर्ण अथवा अंश उस अपराध के कारण हुई हानि अथवा क्षति के प्रतिकर के भुगतान के लिए उपयोजित किया जाएगा।

(4) जब किसी व्यक्ति को ग्राम कचहरी की किसी न्यायपीठ द्वारा सजा दी जाये, तब, वह न्यायपीठ इस तरह दंडादिष्ट व्यक्ति द्वारा लिखित या मौखिक रूप में अनुरोध किए जाने पर इस अधिनियम के अधीन अपील दायर करने की विहित अवधि के लिए ऐसी सजा के प्रवर्तन को स्थगित कर सकेगी। ग्राम कचहरी या इसकी न्यायपीठ द्वारा पारित आदेश की प्रति, ऐसा आदेश पारित किए जाने की तारीख से एक सप्ताह के भीतर, इस प्रयोजनार्थ विहित रीति से, पक्षकारों को मुफ्त उपलब्ध कराई जाएगी।

109. सरपंच की दांडिक शक्तियाँ : (1) जब कभी सरपंच को ऐसा विश्वास करने का कारण हो कि शान्ति भंग होने वाली है या लोक प्रशान्ति में विघ्न पड़ने वाला है और उसकी तुरत रोकथाम या उसके लिए शीघ्र उपचार करना वांछनीय है

तो मामले के सम्बन्ध में तात्त्विक तथ्यों का उल्लेख करते हुए, लिखित आदेश देकर और विहित रीति से तामील कर, किसी व्यक्ति को कतिपय कार्य से प्रवरित रहने या उसके प्रबन्धन अथवा कब्जा वाली कतिपय सम्पत्ति के सम्बन्ध में कार्रवाई करने का निदेश दे सकेगा।

अतः जब हम देखते हैं कि कहीं भी उनकी कानूनी शक्तियों में यह निहित है ही नहीं कि वे समाज में उलटे-सीधे फरमान जारी करें और सीधे-सादे लोगों को मौत के घाट उतारें और दादागिरी अख्तियार करें। इसकी स्वतंत्रता हमारे देश का संविधान तो कतई नहीं देता।

अध्याय-11

महिला–अस्मिता और विज्ञापन

रात के अँधेरे में दरवाजा खटकता है और बारिश में भीगती हुई एक महिला दरवाजे के बाहर खड़ी उसे खटखटा रही है। दूसरी तरफ पुरुष दरवाजा खोलता है और टी.वी. स्क्रीन पर आवाज आती है।

'मन में लड्डू फूटा'। वह औरत कमरे की माँग कर रही होती है। यह पुरुष दरवाजा बन्द करता है और फिर खोलकर जवाब देता है। मेरे पास तो बस एक ही कमरा है। औरत जवाब देती है, चलेगा। और टी.वी. स्क्रीन पर आवाज आती है।

'मन में दूसरा लड्डू फूटा।'

अब बच्चों के चॉकेलट के विषय में भी इतने बेहूदे विज्ञापन आते हैं जो औरत को मात्र एक वस्तु और भोक्ता के तौर पर स्थापित कर देते हैं।

कहाँ पूरा विश्व महिला सशक्तीकरण की दिशा में प्रयासरत हैं और कहाँ महिला हमारी फिल्मों, विज्ञापन में मात्र एक शरीर से अधिक कुछ नहीं है।

अब इस सन्दर्भ में कुछ पाठक यह अच्छे से कहेंगे कि इसके लिए महिलाएँ ही दोषी हैं पर जब हमारा समाज इस तरह के बेहूदे विज्ञापनों से प्रभावित होता रहेगा तब तक महिलाओं का कार्य के नाम पर ऐसे ही शारीरिक शोषण होगा।

कितने ही पुरुषों के अधोवस्त्र के विज्ञापन हैं या फिर परफ्यूम के उनमें तो स्त्रियों का जमकर इस्तेमाल होता है।

आखिर यह विज्ञापन समाज को किस चारित्रिक हाशिए पर पहुँचाना चाहते हैं। सबसे अधिक दुखद पहलू यह है कि हमारे छोटे-छोटे बच्चे जो इनको देख रहे होते हैं वे अपने आस-पास मौजूद माँ, बहन या फिर लड़की दोस्त को किस निगाह से देखेंगे।

आज जरूरत है कि इस तरह के बेहूदे और कामोत्तेजक विज्ञापनों और इनकी अश्लीलता पर रोक लगाई जाए। अब देखें कि Indecept Representation of Women Act-1986 क्या कहता है।

इस एक्ट की स्थापना 23 दिसम्बर, 1986 को हुई।

इस एक्ट की स्थापना इसके मद्देनजर हुई कि कहीं भी स्त्री का प्रदर्शन अश्लीलता की सीमा पार नहीं करे चाहे वह कोई पब्लिकेशन हो या फिर लेख, पेंटिंग कोई फिगर या किसी भी अन्य प्रकार से जहाँ वह मात्र प्रदर्शन की भोंड़ी वस्तु है।

हमारे देश में सेक्शन 292, 293 और 294 ऑफ आई.पी.सी. भौंड़ा (obscenity) प्रदर्शन के खिलाफ बने हुए कानून हैं।

सेक्शन 292 आई.पी.सी. के अनुसार कोई भी किताब पैम्फलेट, कागज, लेख, ड्राइंग, पेंटिग या प्रस्तुतीकरण फूहड़ और भौंड़ा है अगर उसको देखने मात्र से किसी भी प्रकार की उत्तेजना होती है या फिर वह इससे अपने विचारों या कृत्यों में गलत आचरण महसूस करता है तो वह प्रदर्शन वस्तु, लेख या सुना हुआ मैटर (भौंडा) obscene है।

(i) इस एक्ट के तहत हर वह व्यक्ति सजा का अधिकारी है जो ऐसी चीजें बेचता है, किसी को उधार देता है, फैलाता है, प्रदर्शित करता है या सर्कुलेशन में डालता है, बनाता है या अपने अधिकार क्षेत्र में रखता है।

(ii) कोई भी व्यक्ति बाहर से ऐसी चीजें आयात या निर्यात करता है या फिर यह जानते हुए कि ऐसी चीजें बिक सकती हैं किसी को उधार देता है बाँटता है या प्रदर्शित करता है किसी भी तरीके से।

(iii) किसी भी ऐसे व्यापार में हिस्सेदारी निभाता है या मुनाफा कमाता है जो इस तरह के भौंडी वस्तु को रखते हैं, बनाते हैं, प्रोड्यूस करते हैं, खरीदते हैं, रखते हैं, आयात-निर्यात, फैलाते हैं या खुल्लम-खुल्ला प्रदर्शित करते हैं इस आधार से कि उसका सर्कुलेशन होगा।

(iv) या प्रचार करते हैं या किसी व्यक्ति को विनियुक्त करते हैं इस तरह के कार्यों में जहाँ अश्लील चीजें बनाई जा सकती हैं।

(v) या कोई ऐसा कृत्य करता है जो इस एक्ट के तहत विरुद्ध है।

सजा—दो वर्ष कैद एवं जुर्माना दो हजार रुपए।

अगर यही जुर्म दुबारा होता है तो सजा है 5 वर्ष कैद एवं जुर्माना पाँच हजार रुपए। यह सेक्शन उन किताबों Pamphlet, paper, Writing, Painting a representation के ऊपर लागू नहीं होता जो कि—

(i) चीजें साधारण समाज के हित के लिए प्रकाशित हों या फिर कोई भी चित्रण विज्ञान, साहित्य, आर्ट या सीखने के उद्देश्य से हो तो यह सेक्शन लागू नहीं होता।

(ii) धर्म के हित के लिए इस सेक्शन को लागू नहीं करते।

(iii) कोई भी इस तरह की प्रस्तुतीकरण अगर प्राचीन अभिलेखों या आर्कलॉजिकल स्थान पर पाया जाता है जो प्राचीन इमारत एवं आर्कलॉजिकल स्थान के अन्तर्गत आता है या फिर किसी मंदिर या गाड़ी जिसका इस्तेमाल मूर्ति ढोने के कार्य में लगा हो पर इस सेक्शन का इस्तेमाल नहीं होता है।

अगर कोई व्यक्ति किसी को Obscene वस्तु बेचता है या उधार देता है तो उसका दंड (बीस वर्ष से कम व्यक्ति को) पहली बार पकड़े जाने पर तीन वर्ष कैद एवं 2 हजार जुर्माना और दुबारा पकड़े जाने पर सात वर्ष कैद एवं पाँच हजार जुर्माना।

सेक्शन 294- Obscene Act एवं गाने :

इस एक्ट के तहत किसी को बुरा लगने पर अगर भद्दे गाने गाता है, उनको गुनगुनाता है, प्ले या कैबरे करता है तो उसकी सजा तीन महीना कैद या अर्थदंड दोनों है।

Indecent representation of woman act (Prohibition) 1986 को लाने के पीछे मुख्य उद्देश्य यह था कि हमारे समाज में इस कदर भद्दे विज्ञापन बढ़ते जा रहे हैं जो आज के समाज को कलुषित करते हैं, युवाओं को पथ भ्रमित करते हैं और सामाजिक पतन को उत्प्रेरित करते हैं।

इस एक्ट के मुख्य प्रावधान है कि यह

(i) महिलाओं का भद्दा प्रदर्शन रोकता है और उनसे जुड़े हुए समस्त भद्दे विज्ञापन रोकता है।

(ii) यह किसी भी किस्म की पुस्तकें, पेम्फलेट की बिक्री, वितरण या प्रसारण रोकता है।

यह सम्पूर्ण भारत में लागू होता है सिवाय जम्मू-कश्मीर राज्य को छोड़कर।

(iii) यह 23 दिसम्बर, 1986 को लागू हुआ है। यह एक्ट किसी भी मन्दिर, कार जिसमें मूर्ति जा रही है या कोई ऐसा पब्लिकेशन जो सामाजिक हित में है और उसके कारण उसमें औरत का गलत चित्रण हुआ है तो उस पर लागू नहीं होगा। सिनेमेटोग्राफी एक्ट 1952 के पार्ट-2 मान्यताप्राप्त कोई भी फिल्म पर यह एक्ट लागू नहीं होता।

कोई भी स्टेट सरकार का गजेटेड अफसर कहीं पर भी सर्ज करने के लिए अधिकृत है और अपने लोकल लेवल पर सर्ज करने के लिए अधिकृत है। अगर गजेटेड अफसर को यह महसूस होता है कि किसी भी जगह इस एक्ट के तहत जुर्म हो रहा है तो वह सर्ज कर सकता है। वह किसी भी समय ऐसा कर सकता

है। वह औरों की भी मदद ले सकता है। वह कोई भी विज्ञापन, किताब, पैम्फलेट, पेपर, Slide फिल्म, लेख, ड्राइंग, पेंटिंग, फोटोग्राफ, रिप्रेसटेशन, फिगर जो वह महसूस करता है कि इस एक्ट के तहत गलत है तो वह उसको जब्त भी कर सकता है।

गजेटेड अफसर बिना वारंट के किसी भी प्राइवेट घर में प्रवेश नहीं कर सकते।

Code of Criminal Procedure, 1973 इस एक्ट के तहत सीजर (जब्ती) करता है।

अतः हम देखते हैं कि महिलाओं को उपभोग की वस्तु बनाकर इस्तेमाल मात्र किया जाता है। बेवजह विज्ञापनों में उनको फूहड़ तरीके से प्रदर्शित कर अपने उत्पादों को बेचने और ग्राहकों को आकर्षित करने के लिए लिया जाता है।

जबकि अधिकांशतः इसकी जरूरत नहीं पड़ती। सबसे अधिक दिक्कत की बात यह है कि कितने ही विज्ञापन ऐसे हैं जिनमें अगर महिलाओं को प्रदर्शित न ही किया जाए तो बेहतर होगा।

इसको रोकने के लिए हमारे सरकारी तंत्र की सक्रियता की बहुत ही जरूरत है जो तुरन्त पहल कर समाज को एक नई सोच के लिए प्रेरित करे।

अध्याय-12

मातृत्व का अधिकार

आज महिलाएँ शिक्षा प्राप्त कर समाज के हर क्षेत्र में कार्य के लिए निकल रही हैं। वे घर एवं बाहर की दोहरी जिम्मेदारी पूर्णरूपेण अच्छे से निभा रही हैं। फिर भी उनकी मातृत्व की भूख एवं माँ बनने की जिम्मेदारी उन्हें कहीं न कहीं आगे बढ़ने से रोक रही है। ऐसे में देखें हमारे कानून क्या कहते हैं।

यही क्षमता या स्त्रीत्व उसे पुरुषों के समक्ष समाज में कमजोर बनाता है क्योंकि पुरुष कुछ भी करके बेदाग बच जाता है और औरत फँस जाती है।

अगर कोई महिला कार्यक्षेत्र में उतर रही है तो जितने दिन वह बच्चे का भरण-पोषण करती है उतने दिन उसकी कार्य-क्षमता प्रभावित होती है। वह दोहरी जिम्मेदारी के तहत दब जाती है। एक घर के प्रति दूसरे कार्यक्षेत्र में और वह अक्सर दोनों के साथ न्याय नहीं कर पाती। पर जैसे-जैसे समाज में जागरूकता आई, औरतें सशक्त हुईं और उन्होंने घर की चारदीवारी के बाहर निकलकर कार्य शुरू किया तो इस बात की जरूरत पड़ी कि ऐसे कानून बनें कि उन्हें मातृत्व लाभ के साथ कार्य में रुकावट एवं विघ्न न आए। वह अपनी दोहरी-तिहरी जिम्मेदारी को निर्विघ्न रूप से निपटा सके।

वह परिवार के 'ब्रेड-अर्नर' के साथ-साथ समस्त पारिवारिक दायित्वों को पूरा करते-करते अपनी प्रकृति-प्रदत्त मातृत्व की भूमिका को भी बखूबी निभा सके।

प्रेगनेंसी कभी-कभी या कहें अक्सर औरत को कुछ समय के लिए अक्षम कर सकती है, और अपने कार्यक्षेत्र में उसके साथ इन्हीं कारणों से भेदभाव हो सकता है। इसके कारण वह अपने मालिक की मर्जी पर इतनी निर्भर हो जाती है कि उसकी नौकरी भी जा सकती है।

बहुत सारे मालिक इतने क्रूर हृदय होते हैं कि वे महिला की इसी तकलीफ का फायदा उठाकर या तो उसे नौकरी से निकाल देते हैं या फिर उसे (उपार्जित अवकाश) लेने पर मजबूर कर देते हैं, नहीं तो Leave Without Pay (अवैतनिक अवकाश) पर जाने के लिए मजबूर कर देते हैं।

इसलिए इसकी जरूरत पुरजोर तरीके से पड़ी कि रोजगार में गलत तरीकों को अपनाना और लेबर मार्केट में महिलाओं के ऊपर हो रहे शोषण को रोकना, महिला एवं बच्चे के हित में बहुत जरूरी हो गया। मेटर्निटी बेनिफिट एक्ट (1961-संशोधित 1988) को पास करने का मूल उद्देश्य महिला वर्कर को सशक्त करना एवं उसके ऊपर हो रहे शोषण को रोकना है। फिर यह 1995 में संशोधित हुआ जिससे कि मातृत्व की गरिमा को बनाए रख सकें।

इस एक्ट का मुख्य उद्देश्य है महिलाकर्मी के शोषण को उसके मातृत्व अवकाश के दौरान रोकना और माँ एवं बच्चे की सुरक्षा का ध्यान रखते हुए मातृत्व लाभ देना।

(i) यह एक्ट सम्पूर्ण भारत में लागू होता है।

(ii) यह हर संस्थान पर लागू होता है चाहे वह फैक्टरी हो, खान हो या और कोई संस्थान जहाँ दस या उससे अधिक आदमी कार्य कर रहे हों। चाहे Equestrian (घुड़सवारी), Acrobatic या अन्य कार्य जैसे Plantation, दुकान या दूसरे संगठन हों।

(iii) राज्य सरकार भारत सरकार के साथ मिलकर इसे और भी किसी संगठन में लागू करना चाहे तो कर सकती है। चाहे वह खेती हो, औद्योगिक क्षेत्र हो या अन्य।

(iv) इसके सेक्शन 5(a) और 5(b) को छोड़कर बाकी कोई भी सेक्शन किसी Non-Seasonal फैक्टरी या संगठन पर लागू होगा जहाँ Employer State Insurance Act, 1948 लागू होता है।

(v) इस एक्ट (E.S.I) की प्रधानता बाकी सारे एक्ट के ऊपर होगी चाहे वह कोई भी Conflicting नियम या कानून हो, award या agreement हो जब तक कि पहले वाले महिला हित की बात नहीं करते हैं।

मेटर्निटी बेनिफिट पीरियड (मातृत्व लाभ अवधि)–हर औरत को हक है कि वह मातृत्व लाभ का भत्ता ले उस दर से जो कि उसका औसत दैनिक भाड़ा बनता है, छः सप्ताह तक जिसमें उसका डिलिवरी का दिन शामिल है और उसके तुरन्त बाद छः हफ्तों तक डिलिवरी के दिन से।

इसमें औसत दैनिक भाड़ा का अर्थ है उस औरत की औसत तनख्वाह जो उसको उन दिनों में मिलती है जब उसने मातृत्व अवकाश से तीन महीने पहले कार्य करके प्राप्त की या फिर एक रुपया प्रतिदिन जो भी अधिक है।

हर औरत को रु. 250/- मेडिकल बोनस के तौर पर अनुदान स्वरूप मिलता है अगर उसको उसका मालिक Prenatal Employment और पोस्ट नेटल Care free of charge नहीं कराता है।

प्रेग्नेंसी और Miscarriage (गर्भपात) के दौरान बीमारी और छुट्टी–

अगर किसी औरत का गर्भपात होता है तो अगर वह गर्भपात का प्रमाण-पत्र प्रस्तुत करती है तो उसे गर्भपात के दिन से ठीक छह हफ्ते तक विश्राम मिलता है।

अगर कोई महिला गर्भावस्था या डिलिवरी के दौरान बीमार पड़ जाती है या फिर बच्चा तिथि से पहले जन्म ले लेता है या फिर गर्भपात होता है तो अगर इन सबका प्रमाण-पत्र है तो जितने दिन उसे छुट्टी मिलती है उसके अलावा उसे तनख्वाह सहित एक महीने की छुट्टी मिलती है।

अगर एक माँ नवजात शिशु को अपने साथ काम पर ले जाती है तो आराम के अलावा उसे दैनिक कार्य में 2 अल्पावधि का विश्राम मिलेगा 15 मिनट का, तब तक जब तक बच्चा 15 महीने का नहीं हो जाता। यह अल्पाराम उसे बच्चे को दूध पिलाने का मिलेगा। अगर वह बच्चे को क्रेश में छोड़कर आती है तो कार्यक्षेत्र से वहाँ तक जाने के लिए उसे कम से कम पाँच मिनट और ज्यादा से ज्यादा पन्द्रह मिनट का समय मिलेगा। इसका अर्थ हुआ कि क्रेश कार्यक्षेत्र के बहुत ही नजदीक हो।

गर्भपात का अर्थ है कि Pregnant Uterus के अन्दर के Content का बाहर निकल आना, गर्भावस्था के 26वें सप्ताह में या उसके पहले। पर इसमें गैर-कानूनी गर्भपात का कोई स्थान नहीं है।

किसी भी महिला के मातृत्व अवकाश (छह हफ्ते डिलिवरी के पहले के) से एक महीने पहले उसका मालिक उससे कोई भी ऐसा कार्य नहीं कराएगा जिससे कि उसके या उसके बच्चे के स्वास्थ्य पर बुरा असर पड़ेगा।

अगर किसी महिला की मृत्यु गर्भावस्था के दौरान हो जाती है तो उसे मृत्यु के दिन तक का मातृत्व लाभ मिलेगा।

अगर कोई महिला बच्चा जनते ही मृत्यु को प्राप्त कर लेती है या फिर छह हफ्ते–जो उसे डिलिवरी के बाद मिलते हैं पर बच्चा जिन्दा है तो मालिक को पूरे छह हफ्ते का मातृत्व लाभ देना होगा।

पर अगर बच्चा भी मर जाता है तो उसी दिन तक देना है जब तक बच्चा जीवित था। इसमें वह दिन शामिल है जिस दिन बच्चे की मृत्यु हुई।

अगर कोई महिला किसी संस्थान में कार्य कर रही है तो इस एक्ट के तहत वह अपने मालिक को लिखित में अपनी गर्भावस्था की सूचना देगी और छह हफ्ते डिलिवरी के पहले और इसके बाद की अवधि का जिक्र करेगी और उसे या उसके नामित व्यक्ति को जो मातृत्व लाभ मिलता है उसकी जानकारी मालिक को देगी।

अगर कोई महिला अकस्मात् या भूलवश इसकी जानकारी गर्भावस्था के दौरान नहीं दे पाती तो डिलिवरी के बाद देगी।

जो भी मातृत्व लाभ की राशि डिलिवरी के पहले की है वह महिला को पहले ही मिल जानी चाहिए और डिलिवरी के बाद वाली राशि डिलिवरी के 48 घंटे के अन्दर मिल जानी चाहिए। अगर कोई मालिक उसे उसका मातृत्व लाभ नहीं देता है तो इंस्पेक्टर से कहकर मिल जाएगा।

Appropriat Government इस एक्ट के तहत इंस्पेक्टर की बहाली करती है।

और यह इंस्पेक्टर किसी भी संस्थान में किसी समय भी घुसकर मालिक के Register, Rewards या नोटिस को पढ़ सकता है या चेक कर सकता है।

अगर कोई मालिक इस एक्ट के तहत जुर्म करता है तो उसकी सजा 3 महीने से एक वर्ष तक होगी और जुर्माना 2000-5000 रुपए तक होगा।

अतः हम देख रहे हैं कि हमारी सरकार एवं हमारा संविधान महिलाओं के हित के लिए सतर्क है एवं कामकाजी महिलाओं की गुणवत्ता, योग्यता एवं दक्षता को लेकर कृतसंकल्प है। हम यह भी पाते हैं कि ह्यूमन राइट्स के विचार, जिसमें मानवता का ह्रास नहीं हो एवं उसकी जीवन, अस्मिता और सम्मान बना रहे को लेकर हमारा संविधान कृत संकल्प है।

हर जीवन कीमती है। हमारे संविधान का Act-21 जीवन की कीमत को बखूबी पहचानता है और उसे मानवाधिकार से जोड़कर देखता है।

फिर महिला क्योंकर मातृत्व लाभ के कारण आगे बढ़ने से रुक जाए। माँ बनना उसका प्राकृतिक गुण है और हमारा समाज और परिवार इसीलिए बढ़ रहा है क्योंकि हमारे बीच स्त्री अपना सब कुछ दाँव पर लगा कर बच्चे को जन्म देने के लिए कृत संकल्पित है।

अध्याय-13

द्विविवाह और कानून

गायत्री के विवाह को अर्सा हो गया था। अब इस अर्से को हादसे का नाम देना ज्यादा ही उचित होगा।

उसका विवाह बहुत ही छोटी उम्र में एक शिक्षित बेरोजगार युवक से हुआ था। उस समय वह युवक मात्र मैट्रिक तक की ही पढ़ाई किए हुए था। गायत्री के जीवन में कुछ ऐसा संयोग घटित हुआ कि उसके पति श्री राम प्रकाश ने आगे पढ़ने का मन बना लिया और इस किसान पुत्री को वापस उसके मायके भेज दिया, इस शर्त पर कि जीवन में नौकरी मिलते ही उसको लिवा लाऊँगा। यह अबला एक सधवा की जिन्दगी जीते हुए अपने मायके में ही गुजर-बसर करती रही। बीच-बीच में उसका पति आकर उससे भेंट-मुलाकात कर लेता था। पर इस संयोग ने सन्तान की परिणति नहीं बनने दी और राम प्रकाश पढ़-लिखकर सी.आर.पी.एफ. में भर्ती हो गया। यहीं से गायत्री के प्रति उसकी उपेक्षा बढ़ गई। पहले वह कभी-कभार गाँव आकर उससे भेंट कर लेता था पर अब तो उसकी यह अवधि पहले से बढ़ती गई और अन्ततः अचानक समाप्त सी हो गई।

साल भर बाद खबर आई कि राम प्रकाश ने अपने लिए एक पढ़ी-लिखी जीवन-संगिनी ढूँढ़ ली है और उसके साथ विवाह भी कर लिया है। जब तक गायत्री और उसके परिवार वाले हरकत में आते तब तक बहुत देर हो चुकी थी। शायद हताशा ही गायत्री के जीवन भर का सिंदूर था यदि कमला ने आगे बढ़कर उसको सहायता न दी होती और उसका हाथ न थामा होता।

कमला ने कोर्ट से लेकर महिला आयोगों तक गुहार लगाई, कोई कसर नहीं छोड़ी गायत्री को उसका हक दिलवाने और मुकम्मल जगह पहुँचाने में।

इस बीच राम प्रकाश के घर वालों ने गायत्री के ऊपर अनेक लांछन लगाए। उसे पागल तक करार दिया और जब उनसे यह कहा गया कि बहु-विवाह प्रथा हमारे धर्म में और कानून में सम्मत नहीं है और इसमें सजा है तो तुरन्त उनका जवाब था कि खून में तो फाँसी मिलती है तो क्या लोग खून करना बन्द कर देते हैं।

उसके दबंग चाचा का जवाब सुनकर कोई भी अच्छा-खासा इनसान जिसमें मानवता बाकी है तिलमिला जाए। लड़के का दबंग चाचा समाज और वर पक्ष के उस चारित्रिक पतन की ओर इंगित कर रहा था जहाँ पर एक-दूसरे इनसान का कत्ल कर देना भी कोई बहुत बड़ी घटना न थी तो फिर किसी पत्नी के रहते हुए दूसरा विवाह करना तो उसके लिए कोई भी बहुत बड़ा गुनाह न था।

क्या हो गया अगर दूसरा विवाह कर लिया? वह तो पुरुष है और कुछ भी कर लेने का अधिकार है उसको।

बस हमारे समाज में यहीं से अधिकारों की परिभाषा गढ़ी जाती है और पुरुष अपनी भावनाओं और गलत मर्यादाओं को संस्कृति और हक के दायरे में कैद कर लेते हैं। उन्हें इस परिभाषा को फलीभूत करने के दरमियान यह भी ध्यान नहीं रहता कि वे कहाँ औरों की और खासतौर पर स्त्री जाति की अस्मिता, सम्मान और आजादी में खलल डाल रहे हैं और बस चले तो अपनी कामुकता पर आवरण डालने के लिए वह प्रताड़ित स्त्री का गला तक दबा दें। बहुपत्नी प्रथा का कानून में कोई स्थान नहीं है पर समाज यदा-कदा इसको प्रश्रय देता रहता है।

न जाने कितनी गायत्री हमारे समाज में सिसकियाँ ले रही हैं और मजे की बात यह कि कामुक पुरुषों पर न ही उनके परिवार, समाज या नौकरी की जकड़न हो पाती है।

गायत्री का पति सरकारी नौकर है और ऐसे कितने ही सरकारी नौकर हैं जो शान से दूसरे विवाह को अंजाम देते हैं। कुछेक तो दो कदम और आगे बढ़कर अपना धर्म परिवर्तन कर लेते हैं और उसकी आड़ में विवाह रचा लेते हैं जबकि मुस्लिम कानून भी विवाह के लिए धर्म परिवर्तन को अमान्य घोषित करता है।

पर हमारे समाज में ऐसा ही होता आया है। सदियों से पुरुष अपनी इच्छा के अनुरूप औरतों का शोषण करता आया है और बहु-विवाह प्रथा में दो-दो औरतों के सम्मान और अस्मिता के साथ खिलवाड़ किया जाता है। इस पर समाज में कहीं कोई चर्चा भी नहीं होती।

हमारे देश में सीता, सावित्री जैसी बहुत सी सीता और सावित्री हैं जो हँसते-हँसते अपने जीवन का उत्सर्ग कर देती हैं क्योंकि उनकी माँग में सुहाग के नाम पर एक चुटकी सिंदूर है।

अब एक निगाह कानूनी पक्ष पर डालें और देखें वह क्या कहता है।

अगर कोई व्यक्ति पत्नी या पति के जीवित रहते हुए दूसरा विवाह करता है तो यह कानूनन जुर्म है। दूसरा विवाह गैर-कानूनी है और ऐसा करने वाले व्यक्ति को सात वर्ष कारावास एवं आर्थिक दंड देय है।

दूसरा विवाह तभी जायज है जब पहला विवाह कानून ने अवैधानिक घोषित कर दिया हो या फिर पति एवं पत्नी दूसरे विवाह के वक्त के सात साल से लगातार गायब हैं एवं दूसरे विवाह के वक्त दूसरे पति या पत्नी को सारे तथ्यों से अवगत करा दिया गया है।

अगर हम मानवाधिकार के दृष्टिकोण से देखें तो पाएँगे कि यह क्रूरता की श्रेणी में आता है। पहली पत्नी को यह जता दिया जाता है कि पति के जीवन में उसकी मौजूदगी अवांछित है। उसकी उपस्थिति मात्र ही पति को परेशान करती है। अतः वह स्त्री जो अपना सब कुछ न्योछावर करके एक पुरुष को जीवन संगी बनाती है, कितना मानसिक कष्ट का अनुभव करेगी जब वही पुरुष उसका साथ छोड़ दे।

शादी—सामान्यतया शादी एक कानूनी अनुबन्ध है जो एक औरत और मर्द के संग को कानूनी मान्यता प्रदान करता है। ऐसा विभिन्न समुदायों के रीति-रिवाज और विश्वासों के अनुसार विभिन्न दृष्टिकोण से विचार किया गया है।

Indian Penal Code, 1860 धारा-493 का कानून शादी में औरतों को धोखा देने से सम्बन्धित है।

यह धारा हर उस आदमी को दंडित करती है जो किसी औरत को, जिसने उससे कानूनी रूप से शादी नहीं की है, यह विश्वास दिलाता है उसने उससे कानूनी रूप से शादी की है। और उस औरत इस विश्वास पर उसके साथ सहवास या संभोग किया है।

यह धारा 10 साल की कैद की सजा तथा जुर्माना मुहैया कराती है।

इस धारा का उद्देश्य एक अपराधी को दंडित करना है जो एक पुरुष के द्वारा किया गया था, जब वह एक औरत को विश्वास करने के लिए फुसलाता है कि वह उसकी पत्नी है, पर वास्तव में वह उसकी रखैल होती है।

इस धारा के अन्तर्गत अपराध के निम्नलिखित तत्व हैं :

(1) धोखा का कारण एक झूठा विश्वास कानूनी रूप को शादी करने के अस्तित्व का।

(2) सहवास या संभोग व्यक्ति के साथ कारण बनता है ऐसे विश्वास का।

इस धारा के तहत आवश्यक है कि वह औरत, जो यह विश्वास करती है कि वह पत्नी है, उस व्यक्ति की, अवश्य अपने आपको सहवास या संभोग के लिए उसके साथ प्रस्तुत करे और वह आदमी सहवास करता है उसके साथ।

यह अपराध तक भी किया जाता है जब एक व्यक्ति औरत को फुसलाकर यह विश्वास दिलाता है कि वह उसी के धर्म या जाति का है जिससे वह सम्बन्धित है।

धारा-493 के अन्तर्गत अपराध सिद्ध करने के लिए कुछ साक्ष्य आवश्यक हैं–

(1) यह सिद्ध करना आवश्यक है कि दोषी (व्यक्ति) ही कारण है औरत को यह विश्वास दिलाने में कि वह कानूनी रूप से शादीशुदा है।

(2) उसने ही उस औरत को बहलाया है सहवास करने के लिए।

(3) कि वह धोखा, कपट के द्वारा विश्वास का कारण बना।

इस अपराध से सम्बन्धित कानून के कुछ पहलू हैं।

यह अकल्पनीय गैर-जमानती (अप्रति मान्य) और अमिश्रित अपराध है। यह परीक्षणीय है कोर्ट के द्वारा। कोई कोर्ट इस अपराध का अन्वेषण नहीं कर सकता सिवाय उस प्रताड़ित या दुःखी व्यक्ति के जिसके द्वारा शिकायत की गई।

Indian Penal Code, अपराध को दो भागों में बाँटता है–

अवेक्षणीय और अन्वेक्षणीय

अवेक्षणीय अपराध में पुलिस को मैजिस्ट्रेट के द्वारा बिना वारंट जारी किए संदिग्ध व्यक्ति को गिरफ्तार करने का अधिकार है।

अन्वेक्षणीय अपराध में संदिग्ध व्यक्ति को मैजिस्ट्रेट द्वारा वारंट जारी करने पर ही पुलिस को गिरफ्तार करने का अधिकार है।

जमानती अपराध वह है जिसमें पुलिस खुद जमानत प्रदान कर सकती है। गैर-जमानती अपराध में केवल मैजिस्ट्रेट के द्वारा ही जमानत दी जा सकती है।

द्विविवाह : द्विविवाह एक अपराध है। जो तब होता है जब एक व्यक्ति एक पति या पत्नी के रहते दूसरा विवाह कर लेता है।

Indian Penal Code, 1860 की धारा-494 द्विविवाह जैसे अपराध के लिए सजा मुकर्रर करता है।

यदि पहली शादी अस्तित्व में है तो दूसरी शादी अमान्य है। यह दंडनीय अपराध है। इस अपराध के लिए सात साल की सजा और जुर्माना निश्चित किया गया है। इस कानून के कुछ अपवाद भी हैं। यह धारा निम्नलिखित मामले में लागू नहीं होती है–

(1) जब पति-पत्नी के बीच विवाह किसी योग्य कोर्ट के द्वारा अमान्य घोषित कर दिया गया हो।

(2) यदि पति-पत्नी के लगातार सात साल तक जीवित रहने की सूचना न मिली हो।

यह धारा मुस्लिम पुरुषों पर लागू नहीं होती है जो निजी कानून के अनुसार एक

से ज्यादा शादी करने के लिए अधिकृत हैं।

यह धारा मुस्लिम औरतों पर लागू है साथ ही हिन्दू, क्रिश्चियन और पारसी व्यक्तियों पर लागू है।

इस धारा के कुछ आवश्यक तथ्य हैं–

(1) दोषी ने पिछली शादी का अनुबन्ध किया है।

(2) इस तरह के व्यक्ति के साथ शादी जायज है।

(3) उसने दूसरी शादी का अनुबन्ध किया है।

(4) पहला पति या पत्नी अस्तित्व में था जब दूसरी शादी अनुबन्ध हुआ था।

(5) दोषी का व्यक्ति जिसके साथ शादी किया है, जीवित है।

(6) दूसरी शादी के समय पहली शादी जीवित है।

धारा 494 IPC लागू करने के लिए यह आवश्यक है कि दोषी व्यक्ति जिसने दूसरी शादी की है, पहले से शादीशुदा हो।

तलाकशुदा व्यक्ति पुनः शादी कर सकता है।

मुस्लिम कानून के अन्तर्गत दूसरी शादी अनुबंधित करने के पहले एक औरत या तो विधवा हो या तलाकशुदा।

मुस्लिम कानून नाबालिग को यह आज्ञा देता है कि वह तारुण्य प्राप्त करने के बाद तलाक दे सकता है।

यह अनुमति तब दी जाती है जब एक बच्चा किसी व्यक्ति को शादी में दे दिया जाता है तब यह उस बच्चे पर निर्भर करता है कि वह सहमत है या तलाक देना चाहता है वयस्क होने तक।

शादी की सार्थकता : इस धारा में जो अपराध वर्णित है उसे आकर्षित करने के लिए यह उसकी पहली शादी वैध हो यदि शादी अमान्य या अवैध है तो दोनों दूसरी शादी के लिए स्वतंत्र है।

यदि शादी वैध नहीं है तो कानूनन इसे शादी नहीं माना जाएगा।

यदि वैध शादी के पति-पत्नी में से किसी की भी मृत्यु हो जाती है तो हिन्दू, मुस्लिम और क्रिश्चियन सभी धर्मों के कानून में दूसरी शादी वैध है।

यदि हिन्दू पुरुष पुनः शादी करता है और यह शादी हिन्दू विवाह एक्ट, 1955 की धारा 5, 11 और 17 के द्वारा अमान्य घोषित होती है तो पत्नी के द्वारा उत्तरकालीन शादी अपराध नहीं है।

शादी को वैध करने के लिए हिन्दू कानून में दो समारोह आवश्यक हैं–

(a) पवित्र अग्नि के समक्ष आह्वान।

(b) सप्तपदी जिसमें अग्नि के समक्ष पति-पत्नी द्वारा सात फेरे लेना।

यदि दूसरी शादी निजी कानून के अनुसार नहीं होती है तो वह अवैध है।

हिन्दू कानून के अनुसार एक धर्म सभी तरह के शिष्ट बन्धनों से मुक्त नहीं है वैवाहिक बन्धन अटूट है। औरत की दृष्टि से हिन्दू कानून बहु-विवाह की अनुमति नहीं देता। एक हिन्दू विवाहित औरत जो हिन्दू पति के साथ शादी करके रहती है, वह अगर किसी मुस्लिम या क्रिश्चियन से धर्म परिवर्तन करके भी विवाह करती है, तो वह द्विविवाह ही है।

मद्रास उच्च न्यायालय ने निर्णय दिया कि एक हिन्दू जो पहले क्रिश्चियन था पुनः हिन्दू धर्म अपनाकर हिन्दू औरत से विवाह करता है तो वह द्विविवाह का दोषी नहीं माना जाएगा।

द्विविवाह को अपराध सिद्ध करने के लिए कुछ तथ्य निम्नलिखित हैं–

(1) दोषी ने विवाह कर लिया है।
(2) पति/पत्नी दूसरे विवाह के समय जीवित हो।
(3) दोषी ने दूसरे से शादी कर ली हो।
(4) पहले पति या पत्नी के जीवनकाल में ही दूसरी शादी कर लेने से यह शादी अमान्य है।

यदि एक औरत और मर्द बहुत समय तक सहवास करते हैं तो प्रथम दृष्टि से यह शादी का प्रमाण है।

यह धारणा भी गलत है कि यदि किसी व्यक्ति को बच्चा नहीं है तो अपनी पत्नी की सहमति से दूसरी शादी कर सकता है। इस तरह की शादी अमान्य और गैर-कानूनी है।

यह अन्वेक्षणीय अपराध है और जमानती अपराध है।

जब न्यायालय के द्वारा अनुमति दी जाती है तो यह समाधेय है। यह अपराध सत्र न्यायालय अध्यक्षीय मैजिस्ट्रेट या प्रथम श्रेणी के मैजिस्ट्रेट द्वारा परीक्षणीय है।

अपराध प्रक्रिया की संहिता की धारा-198 अन्तर्गत पीड़ित द्वारा शिकायत दर्ज की जानी चाहिए।

यदि कोई व्यक्ति दूसरी शादी के वक्त यह सच्चाई छुपा जाता है कि वह पहले से शादीशुदा है तो वह दंड का भागी होगा। Indian Penal Code की धारा-495 के अनुसार।

धारा 495 के अन्तर्गत यदि कोई व्यक्ति दूसरी शादी के वक्त यह छिपा जाता है कि वह शादीशुदा पहले से ही है तो उसे 10 साल की कैद और जुर्माना हो सकता है।

इस धारा का उद्देश्य ऐसे व्यक्ति को उच्चतर रूप से दंडित करना है। इसकी

शिकायत केवल भुक्तभोगी ही कर सकते हैं।

यह अपराध अन्वेक्षणीय, जमानती है। यह केवल सत्र न्यायालय द्वारा ही परीक्षणीय है।

अतः हम पाते हैं कि हमारे कानून महिलाओं के हित में बनाए गए हैं पर यह दुर्भाग्य है कि समाज महिला को दोयम नागरिकता प्रदान करके ही दम लेता है।

हमारे देश में कानून काफी हैं और सख्त हैं पर दुखद पहलू है कि कोई-कोई प्रक्रिया इतनी जटिल है कि जब तक न्याय होता है किसी भी महिला की आधी जिन्दगी बीत जाती है और अक्सर उसके हक में भी कुछ नहीं होता।

अध्याय-14

हिन्दू विवाह–महिला अधिकार

अब हम देखें कि हिन्दू विवाह क्या सहूलियत देता है।

दो पूर्व हिन्दुओं के बीच विवाह सम्पन्न किया जा सकता है, बशर्ते :

1. दोनों पक्षों में से कोई एक शादी के समय जीवित न हो।
2. शादी के समय दोनों पक्ष में से कोई भी
   - (a) एक दूसरे के बारे में मानसिक विक्षिप्त का साक्ष्य या प्रमाण देने की स्थिति में नहीं है।
   - (b) दोनों पक्ष में से कोई भी इस प्रकार की मानसिक विक्षिप्तता से पीड़ित नहीं हो, शादी के अथवा बच्चे पैदा करने के योग्य न हो।
   - (c) उसको बार-बार पागलपन का दौरा न पड़ता हो।
3. शादी के समय लड़के ने 21 साल की उम्र पूरी कर ली हो तथा लड़की ने 18 साल की उम्र पूरी कर ली हो।
4. दोनों पक्ष में से कोई भी निषेधित सम्बन्ध के दायरे में न आता हो तब तक जब तक कि उसके रीति-रिवाज और चलन के द्वारा प्रतिबंधित न हो। इस प्रकार की शादी को मान्यता नहीं देता है।
5. दोनों पक्ष एक-दूसरे से गोत्र से सम्बन्धित न हो और इनकी भी शादी तब तक नहीं हो सकती जब तक इन दोनों को नियंत्रित करने वाले रीति-रिवाज और चलन इस शादी की स्वीकृति न देते हों।
6. शादी में अभिभावक की स्थिति।
7. हिन्दू विवाह के लिए उत्सव :
   - (a) रीति-रिवाज के अधिकार और दोनो पक्ष के अनुसार एक हिन्दू विवाह में उत्सव मनाया जा सकता है।
   - (b) इन अधिकारों और उत्सव में सप्तपदी यानी कि वर और वधू अग्नि के सात फेरे लेते हैं, तब शादी पूर्ण होती है और वे एक दूसरे के साथ जुड़ जाते हैं।

8. हिन्दू विवाह का निर्बन्धन :

(a) हिन्दू विवाह के सबूत की सुविधा के लिए राज्य सरकार यह नियम बना सकती है कि इस शादी में कोई पक्ष किसी भी स्थिति में इस शादी से खास रिश्ता रखता हो इस शादी को निर्बंधित कर सकता है।

(b) उपधारा-1 में वर्णित विचार के अनुसार राज्य सरकार यह नियम बना सकती है कि राज्य या राज्य के किसी भी भाग में जहाँ किसी घटना या घटना विशेष में यदि व्यक्ति कोई नियम तोड़ता है तो उसे दंडित किया जाएगा या उसके दंड को 25 रूपए तक बढ़ाया जा सकता है।

(c) इस धारा के अन्तर्गत वे सभी नियम जिन्हें राज्य विधानमंडल ने स्वीकृति नहीं दी होगी वे शीघ्र ही बनाए जा सकते हैं।

(d) यदि हिन्दू विवाह निर्बन्धन के लिए प्रार्थना-पत्र सही समय पर दिया जाता है तो यह विवाह निर्बंधन होगा, अंगीकार होगा, प्रमाणित होगा। इसके लिए रजिस्ट्रार को एक उचित शुल्क निर्धारित है।

(e) यद्यपि जो कुछ भी इस धारा में दिया गया है उसके अनुसार किसी भी हिन्दू विवाह की प्रामाणिकता उसके निर्बन्धन की मूल की वजह से प्रभावित नहीं होगी।

9. वैवाहिक अधिकार सही व्यक्ति तक पहुँचाना :

जब या तो पति या पत्नी बिना किसी सही कारण के एक-दूसरे से अलग होना चाहते हैं तो सम्बन्धित पक्ष जिला न्यायालय में अर्जी दे सकते हैं। यदि न्यायालय इस अर्जी में दिए गए वक्तव्य से संतुष्ट हो जाता है तो वैवाहिक अधिकारों को सही व्यक्ति तक पहुँचाने के लिए वह अर्जी को स्वीकृति क्यों नहीं देगा।

10. न्यायिक अलगाव :

(a) इस कानून की उत्पत्ति के पहले या बाद में शादी पक्ष के दोनों व्यक्ति धारा-13 की उपधारा-7 में वर्णित वक्तव्य के आधार पर न्यायिक अलगाव के लिए प्रार्थना कर सकते हैं और उपधारा-2 में वर्णित किसी भी आधार पर किसी स्थिति में पत्नी को इस अर्जी के आधार पर तलाक दिया जा सकता है।

(b) जब न्यायिक अलगाव का निर्णय पारित हो चुका हो तब प्रार्थी किसी भी तरह का उत्तर देने को बाध्य नहीं होगा, लेकिन न्यायालय यदि किसी भी पक्ष के प्रार्थी की बात की सच्चाई या प्रार्थना-पत्र

की बात की सच्चाई से संतुष्ट हो जाए, वह अपनी आज्ञा का खंडन कर सकता है।

11. अप्रमाणार्थक विवाह :
यदि कोई प्रार्थना-पत्र एक पक्ष के द्वारा दूसरे पक्ष के विरुद्ध दायर किया जाता है तो कोई भी शादी की धार्मिक क्रिया जो इस कानून की उत्पत्ति के पहले या बाद की जाती है वह शून्य और अप्रमाणित होगी।

12. परित्याग करने योग्य विवाह :
    (a) इस कानून की उत्पत्ति के पहले या बाद में यदि कोई विवाह सम्पन्न किया जाता है तो वह विवाह परित्याग करने योग्य होगा। इसमें विवाहोच्छेद हो सकता है। निम्नलिखित आधार पर इसे अमान्यता की आज्ञा दी जा सकती है :
    (b) प्रतिवादी की निर्बलता के कारण यह विवाह पूर्ण नहीं हो सकता।
    (c) भाग-5 की धारा में वर्णित स्थिति के उल्लंघन होने पर यह विवाह निषेध है।
    (d) आवेदक की सहमति से या आवेदक की शादी में अभिभावक की सहमति से वैसे अभिभावक जिनकी सहमति बलपूर्वक ली गई हो या
    (e) शादी के समय आवेदक प्रतिवादी या किसी और व्यक्ति से गर्भवती होने पर विवाह परित्याग करने योग्य होगा।

13. उपधारा-7 में शादी को निरस्त करने के लिए कुछ और दर्शाया गया है।

14. उपधारा-1 के उपवाक्य (Clause C) आधार पर विचार करना होगा यदि
    (a) आवेदक को एक साल से ज्यादा बलपूर्वक बन्द किया गया हो या उस पर धोखाधड़ी का मुकदमा चला है।
    (b) आवेदक या आवेदिका अपनी पूर्ण सहमति से दूसरे पक्ष के साथ पति या पत्नी के रूप में रह रहा हो यदि वह धोखेबाज साबित होता है तो उसके साथ रहने की प्रक्रिया रद्द की जा सकती है।

14. उपधारा-1 के उपवाक्य (clause) में वर्णित आधार पर यदि न्यायालय संतुष्ट हो जाए तो निम्नलिखित तथ्य किया जा सकता है :
    (a) शादी के समय निवेदक निर्दिष्ट किए हुए सभी तथ्यों की परवाह न करे।
    (b) इस कानून की उत्पत्ति पहले एक साल के अंदर और इस कानून की उत्पत्ति के बाद शादी की तारीख से एक साल के अंदर वैवाहिक उत्सव के दौरान यह कानून व्यवहार में लाया जाता है।
    यदि वैवाहिक समागम प्रार्थी के समन्वय के साथ नहीं पाया जाता है।

(1) इस अधिनियम के अनुसार, एक हिन्दू पत्नी जो विवाहित हो, इस धारा की शुरुआत के बिना भी आजीवन अपने पति द्वारा जीविका की अधिकारी होगी।

(2) एक हिन्दू पत्नी अपने पति से बिना अर्थ-दंड के भी अलग रहने की माँग कर सकती हैं यदि :

(a) यदि पति उसके परित्याग का दोषी पाया जाए, बिना किसी कारण के या बिना उसकी अनुमति के उसका सम्पूर्ण परित्याग करे या उसे हठपूर्वक नकार दे।

(b) यदि वह अपने पति की निर्दयता से डरकर अलग रहना चाहे या फिर उसे यह भय हो कि उनका साथ-साथ रहना पत्नी के लिए नुकसानदेह हो सकता है।

(c) यदि पति विद्वेषपूर्ण कोढ़ से पीड़ित हो।

(d) यदि वह दूसरी पत्नी के साथ रह रहा हो।

(e) यदि वह उसी घर में जहाँ उसकी पत्नी रहती हो किसी रखैल के साथ रहता हो, या फिर आदतन कहीं और रखैल के साथ रहता हो।

(f) यदि वह अन्य किसी धर्म का परिवर्तन करता हो।

(g) अथवा कोई ऐसा कारण जिससे दोनो को अलग रहना हो।

(3) हिन्दू पत्नी उस अवस्था में कभी भी अलग आवास या जीविका भत्ता माँग नहीं सकती है जब वह हिन्दू धर्म को समाप्त कर अन्य धर्म अपना रही हो।

(2) जीविका निर्वाह का अधिकार अक्सर उस समय उत्पन्न होता है जब पति-पत्नी के बीच जीवन निर्वाह अत्यन्त असंभव हो जाता है और दो आत्माओं की एकता बाधित हो जाती है, जब घरेलू शान्ति और आपसी सौहार्दता भंग हो जाती है जिसमें नवविवाहित को नए वातावरण में स्वयं को समंजित करने में कठिनाई उत्पन्न हो रही हो।

प्रकृति की अद्‌भुत लीला है। कभी-कभी पत्नी की निष्क्रियता और पति की अनिच्छा आपस में दरार उत्पन्न करती है। पत्नी के लिए उसके ससुराल वाले उसके और पति के बीच में आते हैं तो पति के लिए यह कठिन हो जाता कि वह अपने बूढ़े माँ-बाप को कैसे छोड़ दे। वस्तुतः जीविका निर्वाह का अधिकार एक अविच्छिन्न क्रिया के रूप में उभरकर सामने आया है। जब कभी परिवार में आपसी प्राकृतिक आकर्षण पारिवारिक सदस्यों के किन्हीं कारणों से प्रभावित कर सकने में असफल हो जाता है, तो कठोर पारिवारिक कानून अपने नियमों से आबद्ध होकर अनुचित सुधार लाने की चेष्टा करता है।

यद्यपि जीविका निर्वाह का यह अधिकार केवल मात्र जीविका भत्ता की ही माँग नहीं करता है वरन् अलग आवास की भी माँग करता है। एक हिन्दू पत्नी जिस सतह पर अपने पति से अलग रहना चाहती है, वह महिला हिन्दू विवाह अधिनियम-1946 के नियमों के समान ही है जहाँ उसे अलग से आवास तथा जीविका निर्वाह भत्ता मिलना चाहिए।

वस्तुतः यह अधिनियम अलग-अलग रहने और जीवन निर्वाह के लिए एक उदार नियम भी प्रस्तुत करता है :

आज्ञा देता है एक हिन्दू पत्नी अपने पति के साथ एक छत के नीचे और उसकी सुरक्षा के साथ रहने को बाध्य है।

भाग-18, हिन्दू-गोद अधिनियम और जीविका निर्वाह पत्नी अपने पति से अर्थ-दंड के बिना माँग किए अलग रह सकती है।

पत्नी जीविका निर्वाह की बिना माँग किए साथ ही साथ वीभत्स परिस्थिति में भी अलग रह सकती है। इस उपचार के कई खंड किए हैं।

धारा-18 के अन्तर्गत जो अधिकार उपभाग में वर्णित है। वह अन्य अधिनियम का विषय है, इसलिए उपभाग को पढ़ना आवश्यक नहीं है। इसका अर्थ यह है कि पत्नी के जीविका निर्वाह का सम्बन्ध उपभाग के अन्तर्गत नहीं है वरन् भाग-18 के अन्तर्गत है। उपभाग(एक), (दो) और (तीन) का ही विषयवस्तु है।

पत्नी जिसका विवाह व्यावहारिक रूप से निरर्थक साबित हो गया हो, जो कोर्ट द्वारा औपचारिक या अनौपचारिक रूप से मान लिया गया हो, वह अपनी जीविका निर्वहन के सम्बन्ध में माँग नहीं कर सकती है (धारा-18 हिन्दू-गोद तथा जीविका निर्वहन)। वह स्थायी रूप से धारा-25 हिन्दू विवाह के अन्तर्गत मान्य रह सकती है, परन्तु यह समस्त अधिनियम धारा-18 के अन्तर्गत व्यवहृत नहीं हो सकते हैं।

जब पत्नी हिन्दू-विवाह अधिनियम-98 के अन्तर्गत अपनी जीविका निर्वहन और गोद के सम्बन्ध में याचिका दायर करे। पत्नी जिसका विवाह निरर्थक साबित हो जाए उस अवस्था में जब पति की पहली पत्नी जीवित हो, और उसका पहला विवाह, प्राण धारण कर ले पति उस माँग का विरोध कर सकेगा। उस अवस्था में उस महिला के लिए भाग-11 हिन्दू-विवाह अधिनियम के अन्तर्गत याचिका दायर करने का प्रावधान है, जिससे उसका विवाह रद्द करने की स्थिति में घोषित हो गया हो और वह भाग-25 के अन्तर्गत हिन्दू विवाह के अन्तर्गत जीविका निर्वहन की माँग कर सकती है।

गुजारा भत्ता या Interim भत्ता और आगे बढ़ाने के लिए जो खर्चे हैं, आदेश की तारीख से दिया जाएगा, यदि भत्ते के लिए आवेदन की तारीख से आदेश

दिया गया या Interim भत्ते को और आगे बढ़ाने के लिए जो खर्चे हैं वे इस केस में हो सकते हैं।

व्याख्या

(1) बहुतायत का मतलब जायदाद या निश्चित रोजगार और रखने-कमाने की क्षमता है। एक बेरोजगार व्यक्ति जो कि अदुर्बलता का शिकार है उसके बहुतायत का मतलब परिवार का सहयोग है।

(2) अनदेखा या गुजारा का मना करना–इसका मतलब या बताया जाता है या लागू किया जाता है। न्यायालय लोग के व्यवहार में तर्क को अनदेखा कर देता है जिसने अनदेखा और इंकार किया है उसकी उपस्थिति जरूरी है। भविष्य में यह गुजारा बहुत नहीं है।

(3) निर्वाह–इसका मतलब खाना, कपड़ा और अस्थायी वासस्थान और बच्चों की पढ़ाई के लिए खर्च है।

(4) पत्नी न्याय के लिए इस वर्ग के अन्तर्गत प्रार्थना करने वाले की कानूनी रूप से पत्नी हो। Concubine या गृहस्वामी को गुजारा भत्ते का अधिकार नहीं देना।

(5) बच्चे–Section 125 के अन्तर्गत बच्चा शब्द पिता के सन्दर्भ के साथ प्रयोग किया जाता था। यहाँ क्वालीफिकेशन की कोई उक्त नहीं है। यहाँ केवल यह क्वालीफिकेशन है कि बच्चे अपने गुजारा भत्ते के लिए असहाय हैं।

(6) अपने आपका गुजारा करने में असमर्थ–इसका मतलब यह है कि पैसा कमाने में पूरे रूप से असमर्थ हैं और जो दूसरे लोगों पर आश्रित नहीं हैं।

इसमें जो गुजारा भत्ता है उसमें

(1) महीने का पेमेंट केवल रुपए में करने का आदेश है।

(2) यह पिता, पति और बेटे के विरुद्ध हो सकता है।

(3) आदेश तभी लागू होगा जब पति, पिता या बेटा इस रकम को Pay करने के लिए समर्थ है।

(4) वेतन की रकम को जोड़कर एक निश्चित राशि कर दी गई है लेकिन समय-समय पर यह न्यायाधीश द्वारा परिवर्तित कर दिया जाता है।

(5) गुजारा भत्ते के लिए कोई भी सीमा निश्चित नहीं की गई है।

(6) Section 125 के अन्तर्गत भुगतान देने के लिए एक प्रावधान यह है कि अन्तरिम रखरखाव और खर्च को आगे बढ़ाने का।

जो पत्नी, पति के द्वारा अस्वीकृत होने पर भी साथ में रहने को बाध्य हैं, उसका यह आधार है कि :

अनैतिक सम्बन्ध, क्रूरता, स्वधर्म-त्याग कर किसी दूसरे की पत्नी के साथ ईसाई या हिन्दू पति का विवाह और पति और पत्नी के बीच बहुत बुरी तरह से झगड़ा होने पर पत्नी अपने पति के साथ रहने को मना कर सकती है।

पत्नी अपने गुजारे भत्ते को खो देती है जब :

निम्नलिखित परिस्थिति में पत्नी को गुजारे का अधिकार नहीं मिल सकता

(1) यदि उसका फिर से विवाह हुआ हो या

(2) यदि उसका किसी दूसरे व्यक्ति से अनैतिक सम्बन्ध हो।

(3) यदि वह पर्याप्त कारणों के बिना अपने पति के साथ रहने को मना कर दी हो या

(4) यदि वह आपसी सहमति के द्वारा अलग रह रहे हों।

कोई भी आधार के साबित होने पर, गुजारा भत्ते के लिए बीच में ही न्यायाधीश द्वारा मना कर दिया जाएगा।

यदि उसकी पत्नी गुजारे भत्ते के लिए पति के विरुद्ध मुकदमा करती है तो पति का वकील निरीक्षण कर सकता है।

Section 127 Provide करता है जहाँ न्यायाधीश के पास प्रस्तुत किया गया है वह इस आदेश को रद्द कर सकता है।

सिविल कोर्ट अपने ही परिणाम को मना करने की आज्ञा पर विचार कर सकता है।

इस नियम के अन्तर्गत किसी भी राज्य में किसी दूसरे व्यक्ति के विरुद्ध कानूनी कार्रवाई हो सकती है :

(1) वह कहाँ है या

(2) वह या उसकी पत्नी कहाँ रहते हैं? या वह अपनी पत्नी या अवैध बच्चे की माँ के साथ अंतिम में कहाँ रहा है?

यदि उसके पास निश्चित निवास स्थान है तो उस क्षेत्र के न्यायाधीश को क्षेत्राधिकार है।

यदि पार्टी के पास अपने रहने का एक निश्चित स्थान नहीं है तो अन्त में वह जिस स्थान पर रहा था, उस जगह के न्यायाधीश को उसका अधिकार है।

उपस्थिति में गुजारा को आगे बढ़ाने की प्रक्रिया को लिया जाता है।

(1) जानबूझकर न्यायालय की प्रस्तुति को अनदेखा करने पर न्यायाधीश जवाब सुन सकता है और केस से अलग होकर निर्णय कर सकता है (विपक्ष पार्टी की अनुपस्थिति में)।

(2) न्यायालय मुकदमे के खर्च पर भी आदेश दे सकता है।

(3) गुजारे के लिए जो आवेदन है वह कोई शिकायत नहीं है लेकिन एक प्रार्थना है।

(4) जब गुजारा भत्ते से इनकार कर अपराधी नियम का उल्लंघन नहीं करते तब पति या पिता दोषी नहीं माने जाते परन्तु जिम्मेदार माने जाते हैं।

(5) Civil मुकदमे के समान बहुत ज्यादा कानूनी कार्रवाई।

उसकी पत्नी गुजारा के पक्ष में प्रमाण दे सकती है जब :

शादी का वैध सबूत हो।

यह प्रमाण दिखाता है कि उसको जो गुजारा दिया जा रहा है वह उसके लिए काफी है।

यह प्रमाण दिखाए कि उसे बिना सहारे के अकेला छोड़ दिया गया है। यह सबूत हो कि जो गुजारा भत्ता है वह देने में असमर्थ है।

कोई और प्रमाण प्रत्येक केस की परिस्थिति पर आश्रित रहता है।

Section 125 के अन्तर्गत जो भी आदेश दिए हैं, निवेदन के लिए यहाँ कोई भी अधिकार नहीं है। पीड़ित पार्टी ऊँचे न्यायालय में इसे प्रस्तुत कर सकती है। ऊँचे न्यायालय को उसके पक्ष में बोलने का न्यायाधिकार है या न्यायाधीश के आदेश को बदल सकता है।

कानून को मानने के लिए बाध्य किया जाता है जैसे कि

न्यायाधीश (जब व्यक्ति के पास आदेश न मानने के पर्याप्त कारण हों) उल्लंघन कर सकता है।

(1) उस पर कर टैक्स आदि की माँग का पैसा बाकी होने पर वारंट इश्यू किया जाता है। (ठीक उसी प्रकार टैक्स में जुर्माना कर दिया जाता है) और

(2) इन सबके लिए अपराधी को न केवल एक महीने से ज्यादा या उसी तरह बिना चुकता करने के बाद कोई भी एक महीने के लिए भत्ते पर अमल कर अधिकार पत्र दे दिया जाता है।

कानून सम्बन्धी मुकदमा : भत्ते को ठीक से मिलने के लिए पत्नी या बच्चा या माता-पिता के पास दूसरा इलाज भी है। यह मुकदमा सिविल कोर्ट में, अधिकारी का आदेश मिलने पर इस राशि के अनुसार पार्टी के जिम्मेदारी का माध्यम और स्टेटस के अनुसार एक मात्रा में प्राप्त किया जा सकता है। यहाँ तक कि पिछले गुजारा का ऋण भी प्राप्त किया जा सकता है अभियोग में।

Section 125 के अन्तर्गत एक आदेश पास हुआ था कि गुजारे के लिए सिविल कोर्ट में कोई भी मुकदमा नहीं होगा। सिविल कोर्ट ने गुजारा भत्ता आदेश दिया जो कि पति की असमर्थता के कारण जबरदस्ती लागू नहीं किया जा सकता।

लड़की का जन्म काफी अर्से से हमारे समाज में दुःख का विषय रहा है और कहीं न कहीं इस दुःख के मूल में किसी भी कन्या का विवाह और उससे जुड़ी तमाम उलझनें हैं। सबसे बड़ी उलझन तो दहेज की है जो किसी भी कन्या को माता-पिता के ऊपर बोझ बनाती है।

हर माँ-बाप चाहते हैं कि उसकी कन्या अच्छे से अच्छे घर में जाए, उसका जीवन सुखी रहे और इसके लिए वह जी-तोड़ कोशिश करते हैं, पर कभी-कभी यह संभव नहीं हो पाता है और विवाह जो किसी भी कन्या के लिए जीवन का एक सुखमय अनुभव होना चाहिए एक दुखमय प्रक्रिया हो जाती है। इस दुखमय प्रक्रिया को यह कहना ज्यादा उचित रहेगा कि वह शायद पति के बदले मृत्यु का वरण करती है।

अध्याय-15

दहेज–एक अभिशाप

शादीशुदा को ससुराल से मारपीट कर भगाया

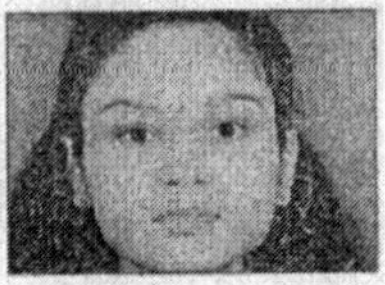

पटना। दहेज के खातिर पति समेत ससुराल वालों ने शादीशुदा प्रीति सिंह को घर से मारपीट कर भगा दिया। यही नहीं ससुर व कोल इंडिया में कार्यरत सुरेन्द्र कुमार सिंह ने प्रीति को जान से मारने की धमकी दी। दो लाख रुपए व बाइक के खातिर रोड नम्बर तीन, मकान सं. 40/ए ,आंनदपुरी निवासी राहुल ने अपनी पत्नी प्रीति को घर से निकाल दिया। साथ ही उसकी डेढ साल की बेटी एंजल को अपने पास रख लिया। उसका जेवर, कपड़ा भी ससुराल वालों ने रख लिया। मघेपुरा निवासी ब्रज मोहन कुमार सिंह की पुत्री प्रीति की शादी 13 दिसंबर वर्ष 2006 में सुरेन्द्र के पुत्र राहुल से हुई थी। पांच माह पहले वह तंग आकर अपने पिता के घर आनंदपुरी चली गई थी। पुलिस के बीच-बचाव के बाद वह दुबारा कुछ दिनों पहले सुसुराल आयी थी। प्रीति ने बताया कि शादी के बाद से ही पति, ससुर व सास कुसुम सिंह उनके साथ दहेज के लिए मारपीट किया करते थे। यहां तक कि उनका खाना-पीना तक बंद कर दिया था। बावजूद इसके प्रीति हर जुल्म सहती रही। प्रीति के अनुसार सोमवार को 2 लाख व बाइक के लिए पति व ससुराल वालों ने घर में उसकी जमकर धुनाई की। इसी बीच किसी ने श्रीकृष्णापुरी थाने को सूचना दी। पुलिस प्रीति के ससुराल पहुंची और मौके से ही राहुल को गिरफ्तार कर जेल भेज दिया। प्रीति ने इस मामले में पति, ससुर व सास के खिलाफ प्राथमिकी दर्ज करा दी है। थानाध्यक्ष निसार अहमद ने बताया कि राहुल को पुलिस ने पकड़ कर जेल भेज दिया।

हमारे देश में दहेज एक दानव का रूप अख्तियार किए हुए है जो न जाने कितनी शादियों को निगल जाता है और कितनी लड़कियों के सुखमय जीवन को एक त्रासदी एवं हादसे में बदल देता है।

जहाँ पर दहेज के तहत जलाने की प्रक्रिया नहीं होती वहाँ पर भी लड़की अक्सर कठोरतम मानसिक त्रास भोगती है और एक ऐसे जीवन को जीने के लिए मजबूर हो जाती है जो नारकीय है। जिसमें सिवाय घुटन के और कुछ हाथ नहीं लगता है।

मानसिक से लेकर शारीरिक उत्पीड़न मानवाधिकार के हनन का स्पष्ट मामला बनता है। हम दैनिक जीवन से लेकर अखबारों तक में दहेज उत्पीड़न के स्पष्ट मामले पढ़ते एवं सुनते हैं। ऐसा ही एक वाकया 'हिन्दुस्तान' दैनिक के एक अंक में पढ़ने में आया जिसमें कितनी आसानी से एक परिवार ने औरत को मार डाला या फिर मरने के लिए मजबूर कर दिया। यह भी भारतीय समाज की घोर विडम्बना ही है। हम सदैव संस्कृति और सभ्यता का डंका पीटते हैं पर जब भी बात स्त्री की आती है तो सारे मूल्य, मापदंड ताक पर रख देते हैं और औरत को आसानी से मर जाने देते हैं।

कानून ने अनेक सुरक्षाएँ महिला को प्रदान की हैं। अगर किसी महिला का दहेज उत्पीड़न के कारण देहान्त होता है या फिर उसको मार डाला जाता है, अगर उसकी मौत जलने से या शारीरिक चोट से होती है या फिर मौत असामयिक

प्रतीत होती है और ऐसा विवाह के सात वर्षों के अन्दर होता है तो ऐसी मौत को दहेज हत्या 'Dowry Death' की श्रेणी में रखते हुए उसके पति और उससे जुड़े हुए रिश्तेदारों को उन मौतों का जिम्मेवार ठहराया जाएगा और उसकी सजा आजीवन कारावास या फिर सात वर्ष की कैद होगी।

दहेज की परिभाषा–इस Act के अनुसार कोई भी सम्पत्ति या बहुमूल्य सुरक्षारूपी सम्पत्ति जो कि प्रत्यक्ष या अप्रत्यक्ष रूप से मान्य हो–

(a) एक दल द्वारा दूसरे दल को विवाह के लिए या,

(b) किसी भी एक दल द्वारा विवाह के लिए या किसी अन्य व्यक्ति द्वारा या किसी दल के माता-पिता द्वारा या अन्य व्यक्ति द्वारा।

व्याख्या–भारतीय पीनल कोड 1860 की धारा 45 के भाग 30 में "Valuable Security" की समान व्याख्या है।

दहेज लेने या देने पर जुर्माना : कोई भी व्यक्ति इस Act के लागू होने पर दहेज लेता या देता है :

वह कारावास का अधिकारी होगा जो कि छः महीने तक जुर्माने के साथ बढ़ सकता है (5 हजार रुपए तक)–Bihar Act 4 of 1976, S.2 (wef 20.01.1976).

इस प्रकार की गहराई तक जमी सामाजिक जड़ें सिर्फ दहेज निषेध प्रथा 1961 को नियंत्रण करने के लिए ही नहीं है, परन्तु समाज को भी सुधारने के लिए हैं।

यहाँ पर स्पष्टतः मानवाधिकार का हनन हो रहा है क्योंकि उस महिला की जिन्दगी सीधे तौर पर प्रभावित हो रही है।

अतः हम पाते हैं कि औरत को जन्म से मृत्यु तक सिर्फ जिन्दगी जीने की जद्दोजहद ही करनी है।

यह Act 1961 में पास हुआ था दहेज लेने और देने की प्रथा रोकने के लिए। 1984 एवं 1986 में यह संशोधित हुआ था दहेज जैसी गंदी प्रथा को रोकने के लिए।

दहेज का मतलब होता है, कोई अमूल्य वस्तु जो Security की तरह दी जा सकती है। प्रत्यक्ष या अप्रत्यक्ष शादी के एक गुट द्वारा शादी के दूसरे गुट को या पति-पत्नी के माँ-बाप द्वारा या शादी से सम्बन्धित किसी प्राणी के द्वारा । यह शादी के पहले या उसी समय या शादी के बाद होता है। लेकिन इसे मेहर की रकम के तौर पर नहीं देखा जा सकता जो मुस्लिम रीति में एक अनिवार्य प्रथा है।

Dowry Prohibition (Amendment) Act, 1984 में दहेज के मतलब में 'मैरेज से सम्बन्धित' शब्द के बदला 'मैरेज के सन्दर्भ में' का इस्तेमाल किया गया है। इसलिए...मतलब अब आसान हो गया है और शादी से सम्बन्धित...लेने-देने की प्रथा अब साबित करना आसान हो गया है। एक और महत्त्वपूर्ण चीज जिसमें Dowry Prohibition (Amendment) Act, 1984 के अन्तर्गत सुधार किया गया है वह है

शादी के बाद कभी भी किसी धन को प्रदान करना।

नहीं। दहेज प्रतिरोधक एक्ट किसी विशेष समुदाय या धर्म से सम्बन्धित नहीं है। यह Act भारत में रहने वाले सारे समुदाय चाहे वह हिन्दू हो, मुसलमान हो, क्रिश्चियन, पारसी या किसी धर्म का हो, सब पर लागू है। बहुतों को लगता है यह सिर्फ हिन्दुओं के लिए है परन्तु यह भारत में रहने वाले सभी समुदाय एवं धर्म के लिए है।

दहेज लेने या देने पर सजा मिलती है।

हाँ, क्योंकि यह एक क्रिमिनल अपराध है। जो भी आदमी दहेज लेने या देने के जुर्म में पकड़ा जाता है उसे या तो कम-से-कम 5 साल के लिए जेल की सजा होती है या 15,000/- जुर्माना इसमें से जो भी ज्यादा हो। किसी कारणवश कोर्ट चाहे तो सजा की अवधि या रकम कम की जा सकती है।

Dowry Prohibition (Amendment) Act, 1984 के अन्तर्गत सजा कम या ज्यादा की जा सकती है और इसी विषय में नियम यहाँ दिया गया है। सजा की अवधि 6 माह से बढ़ा कर 2 साल कर दी गई है एवं रकम 5,000/- से बढ़ाकर 10,000/- कर दी गई है। लेकिन अदालत ने निर्धारित किया है कि सजा की अवधि 5 साल तक तथा रकम 15,000/- तक की जा सकती है।

इस एक्ट की सबसे बड़ी खामी यह है कि इसमें दहेज देने वालों को भी भागीदार बनाया जाता है। इसमें लड़की के माँ-बाप फिर कोई भी केस करने से हिचकते हैं। इसलिए दहेज देने वालों को इस एक्ट से बाहर कर देना चाहिए।

क्या शादी के समय दूल्हा या दुल्हन को कोई उपहार देना दंडनीय अपराध है?

नहीं है, अगर उपहार अपनी स्वतंत्रता से दिया जाए। यह उपहार ज्यादातर पारम्परिक रीतियों पर आधारित होता है और इन्हें अपनी आर्थिक स्थिति को ध्यान में रखकर देना चाहिए।

इस Act में सबसे बड़ी खामी है कि इसमें उपहार की रकम निर्धारित नहीं की गई जिसकी वजह से अनगिनत समस्याएँ पैदा हो सकती हैं। यह तभी ठीक हो सकता जब उपहार देने पर भी इसे लगाया जाए।

हाँ, दहेज किसी भी रूप में लेना दंडनीय अपराध है। इसकी सजा कम-से-कम 6 माह और ज्यादा से ज्यादा 2 साल है, इसके अलावा 10,000/- रूपए की रकम सजा के तौर पर। किसी विशेष कारणवश कोर्ट अगर चाहे तो सजा की अवधि या रकम कम कर सकता है।

दहेज के सन्दर्भ में विज्ञापन देना जुर्म है।

हाँ, Act के विवरण में यह दिया है कि दहेज का विज्ञापन किसी भी रूप में देना अपराध है। पकड़े जाने पर कम-से-कम 6 माह और ज्यादा से ज्यादा 5 साल तक सजा है या 15,000/- रुपए जुर्माना है। अगर इससे कम सजा दी जाएगी तो

पर्याप्त कारण व्यक्त करना अत्यावश्यक है।

शादी के लिए किसी भी रूप में विज्ञापन बेटे या बेटी के लिए निषेध हैं। इस सन्दर्भ में विज्ञापन करने वाले को 6 माह से लेकर 5 साल तक की सजा हो सकती है या 15,000/- रुपए जुर्माना देना पड़ सकता है। इसका उद्देश्य यह है कि दहेज की प्रथा को रोका जा सके।

उपहार की सूची की देख-रेख में जो नियम लागू हैं वह हैं कि :

दुल्हन को जितने उपहार दिए गए हैं उसकी सूची बनाना चाहिए।

यह सूची शादी के समय बनाना चाहिए।

यह लिखित होना चाहिए।

इसमें निम्नलिखित होना चाहिए–

हर उपहार का विवरण,

उपहार देनेवाले का नाम,

उपहार की कीमत लगभग, उपहार देने वाले से सम्बन्ध का विवरण,

वर-वधू का हस्ताक्षर।

उपहार जिस लड़की के नाम पर दिया गया है उसी को मिलना चाहिए। यह कार्यक्रम शादी के 3 माह के अंदर मिल जाना चाहिए। अगर लड़की नाबालिग है तो उसके 18 साल के होने पर 3 माह के अंदर मिल जाना चाहिए।

उपहार उचित लड़की को न देने पर जो सजा निर्धारित की गई वह है कि :

इसमें 6 माह तक जेल या 5000/-से 10,000/- तक जुर्माना भरना पड़ सकता है।

अगर गलत पार्टी उपहार देने से इनकार कर दे लड़की को तो :

कोर्ट सजा देने के अलावा निश्चित फरमान जारी कर सकता है कि सारा धन महिला या उसके उत्तराधिकारी को उचित समय पर मिल जाना चाहिए। कोर्ट सजा के तौर पर धन का उपहार महिला या उसके उत्तराधिकारी, माँ-बाप या बच्चों को मिलना चाहिए।

अगर महिला की असमय मृत्यु हो जाए तो उसका उत्तराधिकारी उपहार का हकदार होगा। अगर शादी के 7 साल के अंदर मृत्यु हो जाए तो उसके बच्चे या माँ-बाप को मिलना चाहिए।

अगर महिला की असमय मृत्यु हो जाए तो उसका उत्तराधिकारी उपहार का हकदार होगा। अगर शादी के 7 साल के अंदर मृत्यु हो जाए तो उसके बच्चे या माँ-बाप को मिलना चाहिए।

दहेज के लिए विवाहिता को जलाकर मार डाला, शव को गायब किया, प्राथमिकी दर्ज।

पालीगंज प्रतिनिधि : महज चंद रुपए की खातिर दहेज लोभियों ने एक विवाहिता को जलाकर मार डाला और शव को गायब कर दिया। घटना के बाद मृतक के पिता ने स्थानीय थाने में प्राथमिकी दर्ज की है।

जानकारी के मुताबिक बिहटा थाना क्षेत्र के विसनपुर गाँव निवासी प्रकाश पांडेय ने अपनी पुत्री कुमकुम कुमारी की शादी 4 वर्ष पूर्व पालीगंज थाना क्षेत्र के बाबूचक मिल्की गाँव निवासी मनोज तिवारी के साथ धूमधाम से की थी। शादी में दहेज भी दिया था। शादी के कुछ ही दिन के बाद कुमकुम कुमारी के ससुराल वाले दहेज के रुपए के लिए प्रताड़ित एवं मारपीट करने लगे। कई बार कुमकुम मारपीट के भय से भागकर अपने मायके चली आई थी। लेकिन कुछ ही दिन के बाद कुमकुम के पति मनोज तिवारी किसी तरह बहला-फुसलाकर अपने साथ घर लेकर आया। ग्रामीणों ने फोन पर कुमकुम के पिता को सूचना दी कि उसकी पुत्री की हत्या कर शव को गाायब कर दिया। प्रकाश पांडेय रविवार को अपनी पुत्री के घर पहुँचे तो घर का दरवाजा बन्द पाया। तब पालीगंज थाना में पहुँचकर दामाद सहित अन्य पर प्राथमिकी दर्ज की है। पुलिस मामले की छानबीन में जुटी है।

अगर उपहार कोई भी रख लेता है और उचित महिला को नहीं देता तो ऐसा इनसान Section 406, IPC के अन्तर्गत सजा का हकदार है। ऐसा इनसान 3 साल की सजा या जुर्माना का दोषी है।

स्त्रीधन उसे कहते हैं जो पत्नी को अपने मन से दिया जाए। कोई भी ऐसा धन कि स्त्री शादी से पहले से ही उसकी हकदार हो, उसे भी स्त्रीधन कहते हैं।

वह धन जो माँग कर लिया जाए उसे दहेज कहते हैं।

वह पति जो अपनी पत्नी के दहेज से नाखुश होकर उसे सताए, उसकी सजा यह है कि उसे :

1 साल तक जेल की सजा का या उसे 5,000/- तक जुर्माना देना पड़ सकता है।

अगर पति अपनी पत्नी को Conjugal Rights (दाम्पत्य अधिकार) देने से इनकार करे तो क्या वह सजा का हकदार है?

उस इनसान को 1 साल तक या 10,000/- रुपए जुर्माना का हकदार होता है। अगर पति कोर्ट को यह दिलासा दे कि वह दहेज की माँग नहीं करेगा या अपनी पत्नी को दाम्पत्य अधिकार देगा तो कोर्ट चाहे तो उसकी सजा माफ कर सकता है।

क्या वह महिला जिसे दाम्पत्य अधिकार मिलने से मना कर दिया गया हो वह Maintenances की माँग कर सकती है।

हाँ, पर उसे ऐसा होने के 2 माह के अंदर ही ऐसा करना होगा। कोई भी निर्णय

देने से पहले कोर्ट को दोनों पक्षों की राय सुननी चाहिए।

Metropolitan Magistrate या Judicial Magistrate of 1st class ऐसी दलीलों के लिए उपयुक्त हैं।

ऐसे लोग जो इन कोर्ट में मुकदमा दायर करने के हकदार हैं निम्नलिखित हैं।

पुलिस अधिकारी,

पीड़ित के माँ-बाप,

कोई कानूनी संस्था।

Dowry Cognisable अपराध है पूछताछ की नजर से, दहेज एक संज्ञेय अपराध है। इसका मतलब पुलिस अधिकारी मुकदमा दायर होने पर पूछताछ कर सकते हैं पर किसी भी व्यक्ति को बिना मजिस्ट्रेट की इजाजत के गिरफ्तार नहीं कर सकते।

क्या ऐसे अपराध इस Act के अन्तर्गत Non-bailable हैं।

सिर्फ एक Magistrate अपने अधिकार द्वारा उसे Bail दे सकता है।

Dowry Prohibition Act के अन्तर्गत Complaint दायर करने की कोई समय सीमा निर्धारित नहीं है।

इस एक्ट के तहत सही साबित करने की जिम्मेदारी अपराधी के ऊपर होती है।

State Government को यह अधिकार है Dowry Prohibition officers बनाने हेतु और उन्हें निम्नलिखित शक्तियों से नवाजने के लिए–

यह देखने के लिए कि इस Act के नियमों का पालन करना चाहिए।

दहेज की प्रथा को रोकने के लिए।

अपराधी को सजा देने के लिए उचित कार्रवाई करना।

ऐसी कोई अन्य कार्रवाई करना जो Government द्वारा निर्धारित की गई हो।

Advisory Committee की यह उपयोगिता है कि Section 8 B/4, Dowry Prohibition Act के अन्तर्गत State Government को यह अधिकार है कि वह Advocacy Board का चयन कर सके। यह Board पाँच समाज सेवकों, जिसमें दो महिला हों, को मिलाकर बनाना चाहिए।

Anti Dowry Rules को बनाने का हक :

केन्द्र सरकार एवं State Government को है, उन्हें यह शक्ति प्रदान की गई है इस Dowry Act के अन्तर्गत कि वह कानून बना सकें।

वे बातें जिन पर नियम बना सकते हैं, वे हैं :

उपहार की सूची बनाने के तरीके पर।

वो लोग जो इस

कोई और सम्बन्धित कार्य

नियम और उसे लागू करने के तरीके इस Act के अन्तर्गत।

State Government किसी भी अन्य कार्य पर नियम बनाने की उत्तराधिकारी हो सकती है। इसमें कोई स्पष्ट सीमा नहीं है।

कानून में महिलाओं के प्रति क्रूरता के सन्दर्भ में यह दिया गया है कि :

इस सन्दर्भ में महिला पर अत्याचार करने वाले किसी भी व्यक्ति को 3 साल की सजा या जुर्माना हो सकता है।

महिला के ऊपर अत्याचार Cognizable offence है?

हाँ, इसे Cognizable offence बनाने के लिए महिला को उपयुक्त पुलिस अधिकारी को सूचित करना होगा।

नहीं, यह Bailable offence नहीं है। इसमें Magistrate को हक है कि वह Bail application की सुनवाई करे।

कोई भी कोर्ट अपराधी का केस नहीं ले सकता बिना किसी पुलिस रिपोर्ट के या पीड़ित के परिवारजनों की शिकायत के।

महिला के साथ जोर-जर्बदस्ती करना कानूनन जुर्म है, Hindu Marriage Act, 1985 के अन्तर्गत।

Dowry death से यह सन्दर्भ है कि :

अगर किसी महिला की मृत्यु जलने से हो जाती है, किसी गुप्त रूप से शादी के 7 साल के अंदर क्रूरता के कारण उसके पति द्वारा या रिश्तेदार द्वारा तो ऐसी मृत्यु को Dowry death कहते हैं।

Dowry death की यही सजा है कि इसमें अभियुक्त को

सात साल जेल या उम्र कैद मिलती है।

Dowry death बड़ा अपराध है यह अपराध :

Dowry death एक Cognizable अपराध है और कोई पुलिस अधिकारी बिना Warrant गिरफ्तार कर सकता है। यह एक Non-bailable Offence भी है और Bail देने की इजाजत सिर्फ Magistrate दे सकता है।

Dowry death का केस :

सिर्फ Court of Session द्वारा देखने के योग्य है।

Dowry death का केस दर्ज करने की समय-सीमा है :

पीड़ित को शादी के 7 साल के अंदर अपनी फरियाद सुनानी होगी।

पुलिस अधिकारी इन केसों में बिना warrant जाँच कर सकता है–

शादी के 7 साल के अंदर महिला द्वारा आत्महत्या।

शादी के 7 साल के अंदर महिला की मृत्यु।

शादी के बाद किसी तरीके से महिला की मौत।

पुलिस स्टेशन के अधिकारी से यह expect किया जा सकता है कि जब–

पुलिस स्टेशन के अधिकारी को जानकारी मिले तो असमय मृत्यृ की जाँच कर सकता है। उसे इस बारे में तत्काल सबसे करीबी Executive Magistrate को बताना चाहिए। रिपोर्ट में मृत्यु की हर जानकारी देना अनिवार्य है। रिपोर्ट में पुलिस अधिकारी का हस्ताक्षर और District Magistrate या sub-divisional Magistrate द्वारा Formula कराना चाहिए।

अगर पुलिस अधिकारी सही समझे तो वह मृत शरीर को जाँच-पड़ताल के लिए भेज सकता है। इस मामले में weather, दूरी और मृत शरीर की हालत को ध्यान में रखना जरूरी है।

कोई भी District Magistrate या Sub-Divisional Magistrate या कोई भी अन्य Magistrate को यह शक्ति है कि inquest कराने हेतु अपनी शक्ति का इस्तेमाल कर सकता है।

Magistrate enquiry के सन्दर्भ में जो rules निर्धारित किए गए हैं, वे हैं :

जब कोई इनसान पुलिस custody में मर जाए या आत्महत्या कर ले किसी गुप्त रूप से शादी के 7 साल के अंदर तो Section 176 के code of Criminal Procedure द्वारा Magistrate inquiry बैठा सकता है।

जब भी हो सके Magistrate को मृत के परिवारजनों को बताना अनिवार्य है।

आत्महत्या को बढ़ावा देने के सन्दर्भ में यह नियम लागू किए गए हैं कि :

एक नया Section 113-A, Indian Evidence Act, 1872 में लाया गया है आत्महत्या को बढ़ावा देने के लिए एक महिला द्वारा अगर कोई महिला शादी के 7 साल के अंदर आत्महत्या कर ले और यह साबित हो जाए कि उसके परिजन इसमें भागीदार हैं तो वे लोग सजा के हकदार हैं।

Dowry death के सन्दर्भ में जो Presumption (परिकल्पना) है वह यह है कि :

अगर किसी महिला की मृत्यु के पहले उसके परिजनों द्वारा क्रूरता की गई हो तो उसे Dowry death के सन्दर्भ में जुर्म का दोषी माना जा सकता है। इस सन्दर्भ में Section 113-B Indian Evidence Act, 1872 लगाया गया है ताकि Presumption को बढ़ाया जा सके।

Social Remedies against Dowry Death :

सुप्रीम कोर्ट ने Social Remedies against Dowry death में काफी महती भूमिका निभाई है। Joint women Programme V State of Rajasthan (1987) SUPP SCC 707 केस में Superintendent of Police (पुलिस पर्यवेक्षक) के पद से नीचे केस दायर कर सकता है। कोर्ट ने Special dowry cell बनाने हेतु भी

interim order राज्य स्तर से जाँच के लिए पास कर दिया है।

कोर्ट का यह मानना है कि Criminal justice system एवं misestimating agency को ज्यादा नरम पड़ना पड़ता है (Stree Atyachar Virodhi Parishad V . Dilip Nathumal Chirodia 1989 (1) CRIMES 443.)

Ashok Kumar V. State of Rajasthan (1991) SSC (1991) 166 में उच्च न्यायालय ने यह सुझाव दिया है कि दुल्हन को जलाने के मामले में आशा रानी की मृत्यु हो गई है क्यों? दुल्हन को जलाना एक शर्मनाक चीज है जिसमें 5000/- रूपये या ऑटो रिक्शा जो उसके पिता जो 7 लड़कियों के पिता हैं नहीं सह पाए और मार का शिकार हुए। महँगाई और बढ़ती इच्छाएँ और नए उपाय महँगे उपकरण से यह प्रतीत होता है कि आज के युवक दहेज की समस्याओं से परेशान होते हैं। दहेज के लिए महिला की हत्या एक घोर अपराध है। Kumdula Bale Subramanyam V State of Andhra Pradesh (1991) 2 SCC 684 open court ने कहा है कि लॉ काफी नहीं है। महिलाओं को अशिक्षित होने के कारण अधिक प्रताड़ना झेलनी पड़ती है।

नई दुल्हन को अगर सख्त से सख्त तरीके से क्रूरता के साथ सताया जाए और पति द्वारा प्रताड़ित किया जाए तो कोर्ट द्वारा उसे सख्त सजा देने का आदेश है।

अमनदीप कौर, एक नई दुल्हन ने अपनी सास द्वारा सताए जाने पर–कम दहेज लाने के कारण अपने पिता को सूचित किया। इस पर कोर्ट में उसकी याचिका दायर हुई। 30 मई, 1974 को उसकी सास और ननद ने उसे बुरे तरीके से प्रताड़ित किया।

तनातनी के बाद उस असमर्थ महिला पर केरोसिन डालकर जला दिया गया। महिला की चीख सुनने के बाद आस-पास के पड़ासियों ने आकर आग बुझाई और तभी उसका पति उसे अस्पताल ले गया।

अस्पताल में मरती हुई महिला का अंतिम बयान लिया गया।

कोर्ट ने साफ कह दिया कि महिला की मृत्यु जलने के कारण ही हुई थी।

उर्मिला शादी के 4 दिन के अंदर ही अपने ससुराल वालों के द्वारा प्रताड़ित की जा रही थी दहेज की खातिर। उसकी माँ ने उसे घर बुलाने पर जोर दिया। एक बच्चे को जन्म देने के बावजूद उसे प्रताड़ित किया जाता रहा। इस बीच घर बदलने के बाद उसका पति उसे घर ले आया लेकिन 18 मई, 1987 को उसके घर से धुआँ उठते देख जब अगल-बगल वालों ने पड़ताल की तो उर्मिला का मृत शरीर पाया गया। पोस्टमार्टम रिपोर्ट में जलने के कारण हुई मृत्यु की पुष्टि हुई। कोर्ट ने उसके पति और ससुराल वालों को Section 306, 498 A और 304 A, 1&C के अन्तर्गत सजा दी।

कोर्ट ने यह दलील देते हुए कि कोई भी नई दुल्हन शादी के हसीन सपने देखती

है। अगर उसे शादी के अगले दिन से ही प्रताड़ित करना शुरू कर दिया जाए तो यह बेहद दुःख की बात है। लेकिन उसके पति की सजा 10 साल से घटाकर 7 साल कर दी गई थी।

इस केस में लड़की जो कि 8 माह की गर्भवती थी उसे बुरी तरह से जला देने के जुर्म में लड़की की सास, देवर, और उसके पति को सजा सुनाई गई। 20 साल की सुधा की शादी लक्ष्मण कुमार से 1980 में हुई थी और वह एक संयुक्त परिवार का हिस्सा थी। उसकी सास घर आती-जाती रहती थी। 1 दिसम्बर, 1980 को करीब 9 बजे जोर से बचाओ-बचाओ की आवाज आने पर पड़ोसियों ने दस्तक दी और लक्ष्मण एवं उसके भाई को इस हत्या को अंजाम देते हुए पाया। पड़ोसियों ने उसे जलता देख उसे बचाने की पूरी कोशिश की और उसे अस्पताल लाया गया। पुलिस ने मौके पर आकर मरती हुई सुधा का बयान लिया जिसमें उसके पति और सास-ससुर को दोषी पाया गया। सुधा ने कुछ देर के बाद दम तोड़ दिया। 2 दिसम्बर, 1980 को हाईकोर्ट ने दोषियों को सजा सुनाई और मृत महिला के आखिरी बयान को जाँच के लिए भेजा। मगर हाईकोर्ट ने यह पाया कि सुधा और उसके ससुराल वालों के रिश्ते अच्छे नहीं थे इसलिए दहेज ही वह वजह हो सकती है जिसके कारण यह अपराध हुआ। सुप्रीम कोर्ट ने यह कहा कि मृत महिला का हस्ताक्षर उस Death Sentence Document पर न होने से और इसका समय रिपोर्ट में न होने से अपराधकर्ताओं की सजा फाँसी से घटाकर उम्रकैद कर दी गई।

यह केस चन्दा और उसके पति रमेश, जिनकी शादी 15 जून, 1984 को हुई, का है। शादी के कुछ ही दिनों के बाद चंदा को जलते हुए पाया गया। उसके पड़ोसियों ने मदद की पर घर वालों की तरफ से कुछ मदद नहीं की गई। चंदा को जल्दी Ermin Hospital, अमरावती लाया गया। उसकी मौत रात 9.00 बजे हो गई। परन्तु Executive Magistrate ने उसका अंतिम बयान ले लिया। चंदा को शादी के वक्त से ही सताया जा रहा था। कोर्ट ने कहा कि यह एक Homicidal मृत्यु है। कोर्ट ने यह भी कहा कि जाँच एजेंसी को हर पहलू की तहकीकात करनी चाहिए। कोर्ट को कड़ी से कड़ी सजा इन मामलों में देनी चाहिए और सख्त रवैया अपनाना चाहिए।

इस केस में उच्चतम न्यायालय ने कहा है कि अगर सजा अलग-अलग कोर्ट द्वारा दी जाती है तो इस सन्दर्भ में उम्रकैद की सजा ही लागू करना चाहिए न कि फाँसी की सजा।

लिछावी देवी को बहू हत्या के जुर्म में Section 302, IPC के तहत अपनी बहू को बेरहमी से जला देने के लिए सजा सुनाई गई। उसकी बहू को सच में मेडिकल एड की जरूरत थी परन्तु उसके पति और सास दोनों ही उसे अस्पताल नहीं ले गए।

उसकी मौत अगली ही सुबह हो गई। लेकिन मरने के ठीक पहले उसने एक

investegation officer के सामने यह बयान दिया कि उसकी सास ने केरोसिन डालकर उसे जला दिया। इस घोर अपराध के लिए पुष्पा के ससुराल वालों को दोषी पाया गया। 1985 में हाईकोर्ट ने लिछावी देवी को फाँसी की सजा सुनाई। लेकिन इस केस में उसके पति और बाकी ससुराल वालों को सजा नहीं सुनाई जो कि सही नहीं था। सुप्रीम कोर्ट ने बाद में लिछावी देवी की सजा को उम्रकैद में तब्दील कर दिया।

सुनीता ने जहर खाकर आत्महत्या की जिसके लिए उसका पति सुरेन्द्र जिम्मेदार था। क्योंकि मौत अस्वाभाविक थी, पुलिस ने केस दायर कर लिया। Supreme Court ने मृत महिला के परिवार वालों की अपील से सुरेन्द्र को 10 साल की कड़ी कैद सुनाई, साथ में 10,000/- जुर्माना भी लिया। बाद में सुनीता के सास-ससुर की सजा 3 साल (उनकी वृद्धावस्था को देखते हुए) और सुरेन्द्र की सजा 7 साल कर दी।

लेकिन यह कहा गया कि शादी के समय कोई दहेज की माँग नहीं हुई थी और मृत महिला की बहन की भी शादी उसी दिन सुरेन्द्र के बड़े भाई विरेन्द्र से हुई थी। उसकी बहन को दहेज की वजह से कोई तकलीफ नहीं हुई तो सुनीता को भी नहीं होनी चाहिए थी। बाद में सुप्रीम कोर्ट ने यह दलील दी कि एक लड़की अपना घर छोड़कर शादी के बाद अपने ससुराल जाने के हसीन सपने सँजोती है। मगर दहेज के कारण लोग ससुराल में उसे परेशान करते हैं इसलिए दहेज एक तरीके का आतंकवाद है जिसे जड़ से मिटाने की कोशिश करनी चाहिए।

इस केस में महिला संतोष रानी और उसके 9 माह के बच्चे को कैरोसिन डाल जिन्दा जला दिया गया, उसके पति और सास के द्वारा। यह हादसा शादी के 2 साल बाद हुआ और इन 2 सालों में उसे लगातार दहेज के लिए सताया जाता रहा। उसका पति शक्ति और सास सेशन कोर्ट द्वारा सजा के हकदार बताए गए। परन्तु सुप्रीम कोर्ट ने कहा कि दोनों अपराधियों ने ही यह कुकर्म किया है और उन्हें सजा मिलनी चाहिए।

इस केस में अपराधी कुताला मिश्रा को उम्रकैद की सजा सुनाई गई। अपनी पुत्रवधू की हत्या के जुर्म में Section 102, IPC के तहत, लेकिन वह हाईकोर्ट ओड़िसा द्वारा सजा से मुक्त कर दी गई। शादी के वक्त रु. 8000/- के दहेज की माँग की गई थी। दहेज न दे पाने से बहू को हमेशा सताया जाता रहा और शारीरिक तकलीफ भी दी जाती रही। किसी तरह उसके पिता ने 6000/- का बन्दोबस्त किया और उसके पति की मौजूदगी में यह रकम दी। फिर भी लड़की को सताया जाता रहा।

पनाकांती कविता को 7.8.2000 को अपने बिछौने के बगल में मृत पाया गया। डॉक्टरों का यह कहना था कि उसकी मौत Asphyxia due to throatlling की वजह

से हुई और यह मृत्यु एक आत्महत्या नहीं बल्कि Homicidal death है। महिला के पिता ने करीमनगर पुलिस थाना में केस दर्ज कराया। कोर्ट ने अपराधी को Section 498-A, 304-B, IPC के तहत सजा सुनाई। महिला को दहेज न लाने के लिए लगातार सताया जाता रहा तथा मानसिक रूप से परेशान किया जाता रहा और इसके काफी सबूत मिले।

संगीता को महज एक टेप रिर्काडर और 10000/- रुपयों के लिए ससुराल में सताया जा रहा था। शादी के 4 माह के बाद उसने अपने पिता से यह बात बताई कि उसे ससुराल में तंग किया जा रहा। ससुराल वालों ने उसे अपने घर वापस भेज देने की भी धमकी दी। लेकिन इस आस में कि हालत में सुधार आएगा, उसके पिता उसे ससुराल में ही छोड़ आए। अन्त में संगीता के कहने पर भी जब उसके पिता उसे लिवाने नहीं आए तो वह बीमार रहने लगी और एक दिन अपने घर के फर्श पर मृत पाई गई। उसके ससुराल वालों में से कोई भी वहाँ उपस्थित नहीं था। परिवार वालों ने ससुराल वालों के खिलाफ केस दायर किया। पोस्टमार्टम रिपोर्ट में जहर पाया गया। कोर्ट ने इस मामले में अपराधियों को कड़ी सजा सुनाई।

शान्ति देवी की शादी दिलबाग सिंह से हुई थी। शादी के समय पर्याप्त दहेज देने के बावजूद वह अपने ससुराल वालों और खासकर पति द्वारा प्रताड़ित की जाती रही। घटना से महज 10 दिन पहले वह अपने भाई से यह कह गई कि उसका पति और देवर उससे 7000/- की माँग कर रहे थे एक भैंस खरीदने हेतु। उससे कहा गया कि वह अपने ससुराल तब तक नहीं आ सकती जब तक वह 7000/- रुपयों का इंतजाम न कर दे। पिता रुपए देने में असमर्थ था। घटना से दो दिन पहले दिलबाग सिंह शान्ति को घर लाने उसके मायके गया, यह कहकर कि उसके घर में उसके छोटे भाई का Engagement है और शान्ति की उपस्थिति अनिवार्य है। घटना से महज 1 दिन पहले उसका देवर और 4 अन्य आदमी उसके मायके जाकर यह कह कर आए कि शान्ति की तबीयत ठीक नहीं। जब तक उसके पिता उसके ससुराल पहुँचे शान्ति की मृत्यु हो चुकी थी और उसके मुँह से खून निकल रहा था। पिता ने कहा कि मृत बेटी का अंतिम संस्कार उसके गाँव में होने दें परन्तु यह स्वीकार नहीं किया गया और जल्दबाजी में करीब 15-20 लोगों को इकट्ठा कर वहीं उसका अंतिम संस्कार कर दिया गया। शान्ति के पिता ने एफ.आई.आर. दर्ज कराया। तब कोर्ट ने सभी अपराधियों को हिरासत में लेने को कहा।

एक अन्य केस में पुलिस थाना में एक अर्जी दर्ज कराई गई कि संजू कुमारी को उसके पति, सास और ससुर ने मिलकर जहर देकर मार डाला। यह भी कहा गया कि शादी के समय एक कलर टी.वी., यामहा मोटर साइकिल और 20000/- रुपए नकद देने को कहा गया था। उसके ससुराल वालों ने उसे अपने घरवालों से मिलने

से मना किया था जब तक दहेज की माँग पूरी नहीं की जाती। बहुत मिन्नत के बाद उसे अपने बहनोई से मिलने की इजाजत मिली और उसने अपना सारा दुःख कह सुनाया। यह बात उसके बाकी घरवालों तक पहुँच गई। परन्तु कुछ ही देर के बाद (कहा जाता है) उसे प्रसाद के रूप में जहर दे दिया गया और उसकी मृत्यु हो गई। यह खबर उसके घर वालों तक को नहीं दी गई और उन्हें जब इसकी खबर एक नाई द्वारा मिली तो वे दंग रह गए और फौरन लोदीपुर के लिए रवाना हुए। तब तक उसका अंतिम संस्कार कर दिया गया था और इस घटना ने एक संदिग्ध रूप ले लिया है। Trial Court ने सभी अपराधियों को 10 साल की सजा सुनाई। हाईकोर्ट ने कहा कि संजू की मृत्यु और दहेज की माँग में गहरा तालमेल है और इसी वजह से उसे हमेशा सताया जाता रहा। सुप्रीम कोर्ट ने पाया कि अपराधियों के खिलाफ काफी सबूत हैं और पर्याप्त दहेज न मिल पाने के कारण ही उसे प्रताड़ित किया जाता रहा और अन्त में उसकी हत्या कर दी गई।

अध्याय-16

महिला–एक पुतला

रिश्ते बेमानी होते हैं और कभी-कभी ऐसी दगा दे जाते हैं कि पूरी मानवता शर्मसार हो उठती है।

ऐसा ही वाकया रबिया खातून (काल्पनिक नाम) के साथ घटित हुआ। जब अखबारों के मार्फत उसकी निजी जिन्दगी बाहर आई और उस पर हो रहे यौन शोषण को पढ़ने का मौका मिला तो वाकई दुःख के साथ-साथ औरत की बेचारगी पर तरस आ गया।

रबिया का सबसे बड़ा गुनाह उसका लड़की पैदा होना था। क्योंकि उसकी इस कमजोरी का नाजायज फायदा उसके पिता ने उठाया। उसने न केवल उसे अपनी हवस का शिकार बनाया अपितु बराबर उसका यौन शोषण करता रहा और उससे भी घिनौना कृत्य यह कि अठारह वर्ष तक उसके साथ ज्यादती होती रही और इस घिनौने कृत्य से उसको अनेक सन्तानें भी हैं।

शायद उस दिन मानवता रोई होगी जिस दिन रबिया के पिता ने मनुष्यता से पशुता की ओर कदम बढ़ाया होगा और पाशविक प्रवृत्तियों को भी शर्मसार करते हुए अपनी ही बेटी को शोषित और प्रताड़ित किया होगा।

इसीलिए कन्या के जन्म पर माँ रोती है कि कहीं न कहीं उसके शरीर को आसानी से इस्तेमाल किया जा सकता है। इसलिए घरों में जवान होती बेटी को अनेक नियम, कायदे, कानून में बाँध दिया जाता है जिससे कि उसकी इज्जत पर कोई हाथ नहीं डाले।

ऐसे नहीं उठो, वैसे नहीं बैठो, यह नहीं पहनो, वह नहीं पहनो कर-करके उसकी जिन्दगी को एक बन्धन में बाँध दिया जाता है। क्योंकि वह उस सामाजिक बन्धन में नहीं बँधेगी तो न जाने कहाँ पिशाच छिपे हुए हैं जो उसकी मर्यादा के साथ खिलवाड़ कर देंगे। अतः स्त्री के शोषण का कारण उसका स्त्रीत्व है।

उसके नारीत्व के एहसास के पहले ही उसको इस कदर परवरिश के दौरान रौंद दो कि उसका नारी सुलभ चरित्र ढक-मुँद जाए।

अब देखें कि कानूनी पक्ष ऐसी विद्रूप स्थिति में क्या संरक्षण देता है।

अगर कोई इनसान अठारह वर्ष से कम उम्र की महिला को किसी भी तरीके से प्रेरित करता है कि वह उसके साथ जाए या फिर कुछ इस तरह का प्रयोजन करता है यह जानते हुए कि उसके साथ या तो जबरदस्ती या फिर आकर्षण के द्वारा यौन उत्पीड़न किया जा सकता है, उस व्यक्ति विशेष को दस वर्ष की कैद एवं जुर्माना है।

विभिन्न प्रकार के धर्मों में विवाह की परिभाषा उस समय की स्थिति को ध्यान में रखकर की गई है। किन्तु हिन्दू विवाह 1955 के अनुसार, 'विवाह एक संस्कार या धर्मविधि है।'

बलात्कार के सम्बन्ध में भारतीय पीनल कोड (1860) भाग 375 के अन्तर्गत लिखा गया है, वह पुरुष बलात्कार का अपराधी घोषित हो जाए, जिसने स्पष्ट रूप से एक महिला की इच्छा के विरुद्ध, बलपूर्वक, मृत्यु अथवा डर का भय दिखाकर, अथवा छलपूर्वक उससे कानूनन विवाह का वास्ता दिखाकर, दिमागी भय उत्पन्न कर, मदिरा या नशा देकर या कुछ अन्य वस्तु खिलाकर सहवास किया अथवा यदि वह 16 वर्ष के नीचे हो :

भाग 375 से 377 भारतीय पीनल कोड 1860 निम्नलिखित पुनरावृत्ति करता है :

375-रेप–वह व्यक्ति जो बलात्कार का आरोपी घोषित हो जाए, उसका संसर्ग महिला के साथ निम्नलिखित परिस्थितियों में रहा हो, छः प्रकार का वर्णन है :

प्रथम–उसकी इच्छा के विरुद्ध।

द्वितीय–उसकी सहमति के बिना।

तृतीय–उसकी सहमति पर। उसकी सहमति उस समय प्राप्त की जाए जब उसके मन में मृत्यु का या अन्य शारीरिक पीड़ा का भय दिखाकर संसर्ग हो।

चतुर्थ–उसकी सहमति पर, जब उस महिला को यह विश्वास दिलाया जाए कि वह पुरुष, जो उसका पति नहीं है, उससे कानूनन विवाह करेगा, उस महिला की उसमें रुचि हो जाए।

पंचम–उसकी सहमति पर, जब वह दिमागी तौर पर अस्वस्थ हो या पूरी तरह पुरुष के कब्जे में हो या उसे किसी लालच की वस्तु का लोभ दिखाकर जिससे महिला उसके भावों को समझ पाने में असमर्थ हो जाए और उसे अपनी सहमति दे दे।

षष्ठम–उसकी सहमति या असहमति पर जब वह 16 वर्ष से कम उम्र की हो।

व्याख्या–इस अर्थ को समझ लेना पर्याप्त है कि लैंगिक संसर्ग बलात्कार के लिए अपराध का कारण है।

अपवाद–एक पति द्वारा उसकी पत्नी से संसर्ग उस समय बलात्कार नहीं है जब वह 15 वर्ष से ज्यादा उम्र की हो।

जो भी व्यक्ति बलात्कार का आरोपी पाया जाएगा, उसे सात वर्ष के कारावास या फिर आजीवन कारावास की सजा दी जाएगी, जो दस वर्ष तक हो सकती है। वह जुर्माने का भी अधिकारी होगा। यह उस समय मान्य नहीं होगा, जब उसकी स्वयं की पत्नी ग्रसित हो, और वह 12 वर्ष से कम उम्र की नहीं हो, उसे उस वक्त 2 वर्षों तक की सजा जुर्माने के साथ हो सकती है।

कोर्ट सात वर्ष से कम के कारावास दंड के लिए पर्याप्त व विशेष कारण निर्देशित करता है :

(1) जो कि :

(a) एक पुलिस अधिकारी जो बलात्कार का आरोपी सिद्ध हो जाए।

(i) जिस किसी थाना क्षेत्र में जहाँ उसकी नियुक्ति हुई है, उस (कर्तव्य अवधि) Duty period में।

(ii) किसी भी थाना क्षेत्र के भीतर या बाहर जहाँ उसकी नियुक्ति है या नहीं,

(iii) उसकी हिरासत में महिला हो या उसके सहयोगी पुलिसकर्मी की हिरासत में हो।

(b) एक जनसेवक के रूप में, अपने कार्यालय स्थिति का लाभ लेते हुए एक आम जनसेवक की तरह अपनी हिरासत में ली गई महिला के साथ बलात्कार करे या उसके सहकर्मी हिरासत में ली गई महिला के साथ बलात्कार करें।

(c) प्रबन्धक मंडल का या जेल के स्टॉफ का, रिमांड होम या कोई हिरासत की अन्य जगह स्थापित हो या कानून के किसी नियम जो प्रभावी हों या महिला या बच्चों की संस्था जो उसके कार्यालय स्थिति का लाभ उठा रही हो, उक्त संस्थाओं में बलात्कार का आरोपी सिद्ध हो जाए।

(d) किसी अस्पताल का प्रबन्धन, कर्मी, स्टाफ, अपनी स्थिति का लाभ उठाते हुए उसी अस्पताल की महिला के साथ बलात्कार करें।

(e) किसी गर्भवती महिला के साथ बलात्कार करें जानबूझकर,

(f) 12 वर्ष की बालिका के साथ बलात्कार करें,

(g) सामूहिक बलात्कार करें।

जो व्यक्ति कठिन कारावास का दंडी सिद्ध हो जाए, जिसका कारावास दस वर्षों से नीचे नहीं हो या आजीवन कारावास जुर्माने के साथ हो :

कोर्ट उनके लिए पर्याप्त और विशेष कारणों को सूचित करते हुए न्यायिक घोषणा करता है :

व्याख्या 1 : महिला एक या कई पुरुषों द्वारा एक ही दृष्टिकोण से बलात्कार पीड़िता हो जाए। उसमें का प्रत्येक व्यक्ति आरोपी सिद्ध होगा (इस उपखंड द्वारा)।

व्याख्या 2 : महिला या बच्चों की संस्था, या अन्य महिला संस्था, अनाथाश्रम, तिरस्कृत महिलाएँ, बच्चों या विधवाओं का आश्रम या अन्य कोई नाम जो कि महिला या बच्चों की रक्षा हेतु स्थापित हो।

व्याख्या 3 : 'अस्पताल' जहाँ रोगमुक्त करने के लिए मरीज को उसकी तलछटी में ध्यान आकर्षण कर उसका बलात्कार किया जाए।

कानून की दृष्टि से लैंगिक संसर्ग का अर्थ शिश्न का वीर्यप्रवाह या प्रवाह बिना सम्बन्ध स्थापित करना है। जननांगों को बिना हानि पहुँचाए या बिना वीर्यप्रवाह के भी किया गया बलात्कार अपराध है। बलात्कारी की उत्तेजना का अर्थ ही बलात्कार है, क्योंकि उसका एहसास ही उसे आक्रामक बना देता है। किसी भी प्रकार का वीर्यप्रवाह चाहे वह अल्प परिणाम हो, इस अपराध की पृष्टि के लिए पर्याप्त है।

भारतीय दंड संहिता 375 के तहत वीर्यप्रवाह किसी भी संसर्ग की पुष्टि करता है। भारत में उच्च न्यायालयों ने इस बात की पुष्टि के लिए अपना मत पारित किया है कि बलात्कार जैसे घृणित अपराध हेतु संसर्ग हो जाना ही अपराध है।

कोई भी महिला जो कि स्वयं की रक्षा करने में समर्थ हो और बलात्कार का विरोध करे, उसकी सचेतावस्था में किया गया जबरदस्ती का संसर्ग, उसकी इच्छा के विरुद्ध बलात्कार होगा।

अथवा ऐसा कोई कार्य जब महिला की इच्छा के विरुद्ध, अचेतावस्था में या कोई भय दिखाकर किया गया कार्य भी बलात्कार है।

संसर्ग की सहमति कब अमान्य है :

(ए) महिला की सहमति संसर्ग के पूर्व हो।

(बी) उसको किसी प्रकार की क्षति पहुँचाकर अथवा मृत्यु का भय दिखाकर, अथवा अन्य व्यक्ति में जिसमें महिला रुचि रखती हो उसे क्षति पहुँचाने का भय दिखाकर किया गया संसर्ग बलात्कार है।

(सी) अर्द्धविक्षिप्त महिला की सहमति से किया गया संसर्ग भी दंडनीय है।

(डी) 16 वर्ष से कम उम्र की बालिका की सहमति भी अमान्य है, क्योंकि कम उम्र की बालिका विरोध करने में अक्षम होती है।

भारतीय दंड संहिता धारा 375 के तहत यदि कोई पति अपनी 15 वर्ष से कम उम्र की पत्नी से अनैतिक सम्बन्ध स्थापित करता है, तो वह भी बलात्कार का ही रूप है। यहाँ इस नीति को अल्पचयस्क बच्चों की सुरक्षा की दृष्टि से क्रियान्वित किया गया है।

दूसरी ओर, एक पति को अपनी पत्नी से शारीरिक सम्बन्ध बनाने का अधिकार है, परन्तु वह इसके लिए दूसरों को आमंत्रण देता है, तब वह कानूनन अपराधी है।

किसी भी शारीरिक रूप से असक्षम व्यक्ति द्वारा बलपूर्वक किया गया शारीरिक सम्बन्ध, बलात्कार के अन्तर्गत नहीं है, परन्तु इस घृणित अपराध में वह धारा 354 के तहत दोषी होगा।

सुप्रीम कोर्ट ने बलात्कार को केवल एक पुरुष द्वारा महिला का चारित्रिक हनन नहीं माना है, बल्कि यह पूरे समाज के विरोध में अपराध है। यह एक महिला की मानसिक क्षमता को समाप्त कर उसे समाज से अलग-थलग सोचने पर विवश कर देता है। यह एक ऐसा घृणित अपराध है, जो मानवाधिकार के हनन के साथ-साथ उसके मौलिक अधिकारों को भी नष्ट कर देता है जैसा कि धारा 21 में The Right to live with human dignity में लिखा गया है।

तथ्य जिनका साक्ष्य प्रस्तुत करना है।

अभियुक्त के ऊपर बलात्कार का आरोप सिद्ध करने के लिए निम्न साक्ष्यों का होना आवश्यक है :

(1) अभियुक्त का महिला के साथ संसर्ग हो चुका हो।
(2) अभियुक्त अपना अपराध स्वीकार कर ले।
(3) अभियुक्त का छः वर्ष से कम उम्र की बालिका के साथ संसर्ग हो।
(4) पति का अपनी 15 वर्ष से कम उम्र की पत्नी के साथ सम्बन्ध बन गया हो।

बचाव पक्ष

(1) अभियुक्त के बचाव में महिला की सहमति का तर्क दिया जाए।
(2) महिला का चरित्र असंदिग्ध हो ।
(3) उसका पहले से ही अन्य लोगों के साथ सम्बन्ध रहा हो।
(4) उसके द्वारा बताई गई उम्र गलत हो।
(5) महिला का अभियुक्त के प्रति ईर्ष्या भाव हो, और वह कहानी गढ़ रही हो।

(6) एफ.आई.आर., जो अभियुक्त के खिलाफ हो, वह ठीक से नहीं दर्ज किया गया हो।

(7) महिला के शरीर पर किसी प्रकार का कोई निशान नहीं हो अथवा यह प्रमाणित कर दिया जाए कि उसने बचाव में विरोध नहीं किया था।

पीड़ित व्यक्ति को तुरन्त ही घटना के बाद नजदीक के किसी चिकित्सक के पास जाकर स्वयं की शारीरिक जाँच करानी होगी (डॉक्टर एक रजिस्टर्ड डॉक्टर हो)। चिकित्सक किसी सरकारी अस्पताल का नहीं होना चाहिए।

अभियुक्त के खिलाफ थाने में एफ.आई.आर. जितना शीघ्र हो सके दर्ज कराना चाहिए। और पूर्ण आश्वस्त हो जाना चाहिए कि एफ.आई.आर. दर्ज हो गया। फिर भी हम पाते हैं कि बलात्कार एक ऐसा जघन्य अपराध है जो महिला की अस्मिता, स्वतंत्रता और सम्मान पर जीवन-पर्यन्त कुठाराघात करता है और न चाहते हुए भी समाज की निगाह में उसे ताउम्र दोषी करार देता है।

उपसंहार

औरतों के विरुद्ध होने वाली हिंसा का मुख्य कारण जिसे निर्देशित किया जा सकता है वह है वर्तमान तंत्र के अंदर उनकी दासता। दोहरी प्रवृत्ति, पुनर्विवाह न करने का छल-प्रपंच। वास्तव में ये सदियों से किसी की अपनी सम्पत्ति हो चुकी हैं। उन्हें समाज से काट दिया गया, लोगों से मिलने से काटा गया। कोई आर्थिक स्वतंत्रता उन्हें नहीं है। वे एक घरेलू सामान की तरह इस्तेमाल होती हैं और अपने पति या ससुराल के सदस्यों की निजी सम्पत्ति होती हैं, जो उसे अपने हाथों की कठपुतली समझते हैं और अपने अनुसार निर्देशित करते हैं। वह एक बन्दी की तरह है जिसे प्रताड़ना करने और गाली-गलौज अत्याचार से रिहा होने का अधिकार नहीं है।

पूँजीवादी व्यवस्था में विशेषतः गरीब कामकाजी औरतें दोहरी गुलामी की शिकार हैं। उनकी मुक्ति के लिए या हिंसा से उनकी मुक्ति का कोई हल नहीं है। यह केवल समाजवाद है कि सही रूप में औरतों की मुक्ति उन्हें कानून के अंदर समान अधिकार और कानूनी सुरक्षा देकर की जा सकती है। यह एक नया सामाजिक तंत्र है कि जिसमें दोनों औरत और पुरुष जो सही में समान भागीदार हैं जो मुक्त होंगे आर्थिक रूप से, सामाजिक रूप से, राजनीतिक रूप से। इस प्रकार नई तरह के परिवार का निर्माण होगा जहाँ न कोई पीड़ित होगा और न कोई खलनायक।

क्या हम इस कानून के खिलाफ हैं...नहीं, बिल्कुल नहीं। लेकिन इसकी सीमा याद रखनी है। वर्तमान अन्यायी और असमान पूँजीवादी व्यवस्था के अन्तर्गत यहाँ एक विधिकर्ता का कानून पीड़ित औरत को कुछ मोहलत देता है। लेकिन बहुत ही कम समय के लिए। आशा है अन्तर्विरोध बहुत ज्यादा होगा तो समाज ज्यादा समय तक टिकने वाला हल देगा। इस प्रकार यह कानून यह विश्वास दिलाता है कि औरत ने पूरी तरह से अपने अन्त को स्वीकारा नहीं है बल्कि उसके पास कुछ ऐसे अस्त्र हैं जिनके साथ वह फिर से लड़ सकती है।

Max के अनुसार–

संक्षेप में कह सकते हैं, 'तुम असमान लोगों के लिए एक समान कानून नहीं दे सकते।'

अतः हमें निरन्तर असमानता से जूझना होगा और एक ऐसे समाज का निर्माण करना होगा जहाँ औरत उन्मुक्त हो स्वतंत्र हवा में विचर सके और गर्व से जीवन की, अस्मिता की, सम्मान की, बराबरी की लड़ाई जीत सके और बिना भेदभाव के जीवनयापन कर सके।

She would live a life of human diginity, equality, liberty and without discrimination and that day is not very far all. The sound steps be heard...

अतः हम देखते हैं कि हमारा संविधान बहुत ही पुष्ट है महिला को बराबरी का अधिकार देने के लिए। महिलाओं के हित में ढेर सारे कानून हैं पर जरूरत है सामाजिक सोच में बदलाव लाने की, जो महिला को बराबरी का दर्जा दे, उसको स्वीकार्य करे और सम्मान दे।

हमारे देश में एक कहावत है कि जहाँ स्त्रियों की पूजा होती है वहाँ देवताओं का निवास होता है। अतः हम स्त्रियों की पूजा न करें, कम से कम मानवी का दर्जा तो दें। जरूरत है महिला की मानुषी बनने की लड़ाई में उसको सामाजिक और पारिवारिक हक मिले।

तभी सही रूप से मानवता जीवन्त हो सकेगी।

❑❑❑